AF259866

GEORGES HAMON

LA
PRÉVOYANCE
CHEZ LES MARINS

AMÉLIORATION

De leur situation Matérielle et Sociale.

Mémoire lu au VIIIᵉ Congrès de Sauvetage
tenu à Saint-Malo en juillet 1894.

RENNES

IMPRIMERIE MARIE SIMON ET Cⁱᵉ
Rue Leperdit, 2 bis.

—

1895

LA PRÉVOYANCE

CHEZ LES MARINS

Amélioration de leur situation Matérielle et Sociale

PAR M. GEORGES HAMON

PUBLICISTE

Professeur à l'Institut commercial de Paris et à l'Association philotechnique.

———— ❧ ————

A Monsieur le vice-amiral Charles Duperré, président du Conseil des travaux au ministère de la marine.

La France est le pays maritime le plus étendu. — La situation naturelle et géographique de la France en ferait un pays essentiellement maritime, si l'attention de son gouvernement n'était partagée entre le littoral et les frontières Nord-Est, Est et Sud-Est. Pour sauvegarder l'intégrité du territoire, une immense armée, composée d'hommes recrutés dans les départements terriens, est massée sur les Vosges et sur les Alpes; pour garder nos côtes et nos colonies, le contingent militaire est tiré de la population du littoral, qui vit des produits de la pêche, et de laquelle on tire les inscrits maritimes, c'est-à-dire une classe spéciale de citoyens que la loi nomme gardienne de nos côtes et qui est constamment dépendante de l'administration de la marine et placée sous l'autorité directe de ses commissaires.

La France est donc le pays maritime de l'Europe le plus étendu; son domaine est immense, et les villes, les ports, les petites stations qui se blottissent dans les creux des falaises, des rochers ou des dunes, sont autant de ravissants tableaux qu'encadrent en franges d'argent les longues lames des océans. Ouvrons une carte et comptons ce trésor :

Dans la mer du Nord, à partir de Rosendaël, point extrême : Dunkerque. Dans le Pas-de-Calais : Boulogne. Dans la Manche : Dieppe, Le Havre, Cherbourg; cinquante petits ports de pêche dont les noms sont connus de tous : Berck, Le Crotoy, Saint-Valéry-en-Somme, Cayeux, Le Tréport, Saint-Valéry-en-Caux, Fécamp, Honfleur, Saint-Aubin, Luc, Courseulles, Saint-Waast, Granville, Saint-Malo, Dinard, Pléneuf, Binic, Portrieux, Paimpol, Roscoff... et combien d'autres, plus ignorés! Le Conquet, Brest, Camarets, Douarnenez,

Lorient, Quiberon, Vannes, Saint-Nazaire, Paimbœuf, Les Sables-d'Olonne, La Rochelle, Rochefort, Bordeaux, Arcachon, Bayonne, sont les principaux de l'Océan, dont la ligne prend toute la France, du Nord à l'Ouest et de l'Ouest au Sud. L'Espagne coupe cette ligne incomparable qui s'attache à nouveau à Port-Bouc, dans la Méditerranée, dont elle fait le tour en passant notamment à Marseille, Toulon, Nice, Menton en France; à Bastia, Calvi, Ajaccio, Bonifacio en Corse; puis à Bizerte, La Goulette, Tunis en Tunisie, et enfin à Bône, Alger, Oran en Algérie.

Il n'est donc pas de puissance européenne qui soit partagée comme nous sous le rapport maritime; eh bien! c'est nous qui faisons le moins pour les marins incorporés, immatriculés dès la naissance à l'inscription maritime, défenseurs des côtes de France en cas de guerre et pourvoyeurs de l'alimentation des villes et villages en temps de paix.

Le marin à la petite pêche a une profession plus dangereuse que celle du mineur, que celle de l'agent de chemin de fer. — Sans chercher à amoindrir aucune classe de travailleurs, nous pouvons dire que les ouvriers de la mer appartiennent à une catégorie spéciale qui ne peut être comparée.

Les ouvriers des manufactures, des usines, des ateliers, des mines, des chemins de fer, sont en contact direct avec le pouvoir; leur volonté est imposée à leurs représentants; ils sont de ceux qu'on peut craindre, car ils consacrent le mystère de l'avenir. Le marin pêcheur, lui, est sous la tutelle militaire; il est, avons-nous dit, immatriculé dès sa naissance sur les registres de la marine; il ne s'appartient pas, ses pensées ne franchissent pas la porte du commissariat de son quartier, et si, par hasard, il forme un vœu, un souhait, un espoir..., son représentant au Parlement — s'il y songe quelque jour — voit sa bonne volonté annulée, réduite par le flot parlementaire, qui réclame, qui exige son concours pour d'autres intérêts plus pressants.

Et puis, le marin est souvent absent; il ne peut poursuivre une idée bien longtemps; il ne sait pas à qui s'adresser; son existence est aussi mobile que les flots qui le portent; sa pensée est remplie de rêves et, au-delà de ces horizons que la nature révèle à lui seul, il n'existe rien. Il est fils de pêcheur, il est marin de l'Etat, et son temps actif terminé, il redevient pêcheur comme son père; puis, comme son père, à cinquante-cinq ans d'âge, il touchera — s'il a trois cents mois de navigation accomplis — la minime pension qui l'attend dans les coffres de la Caisse des Invalides de la marine.

Ceci dit, il n'est pas sans intérêt de se reporter à la statistique et de constater que, en règle presque constante, la mortalité des ouvriers employés dans l'exploitation industrielle terrienne dépasse très peu souvent 2 %₀, et qu'il faut dépenser légèrement au-delà de deux millions pour avoir la mort d'un homme à déplorer. La statistique, pour le pêcheur, est également très nette; la voici pour une année prise au hasard, car ici, contre les éléments, nulle *prévention* ne peut exister, on subit leur inclémence et leur colère :

Sur 85,509 pécheurs inscrits en 1887, il y a eu 361 hommes disparus, ce qui porte la mortalité à 1,2 %₀. La valeur de pêche s'étant élevée à 86,071,721, il y a donc eu un homme de disparu pour un produit brut moyen de 210,000 f. Il va sans dire que ces chiffres englobent les marins à la petite pêche et à la grande pêche, celle de Terre-Neuve et d'Islande.

Mais si nous prenons séparément, pour la même année, les pêcheurs à la morue sur le banc de Terre-Neuve, au nombre de 6,021, nous constatons que leur mortalité a été de 1/2 %; or, le produit moyen par pêcheur s'étant élevé à 1,510 fr., la valeur vendue du poisson correspondant à une mort d'homme a été de 260,000 fr.

Durant cette même année, en Islande, on trouve que sur 2,619 marins qui sont partis, 2 %₀ ont disparu, et que le produit moyen de la pêche par homme a été de 1,880 fr., ce qui porte la valeur du poisson correspondant à un homme perdu à 87,000 fr.

La pêche du hareng a été moins meurtrière : sur 2,073 hommes employés à cette pêche en 1887, 12 ont disparu, soit une proportion de 0,58 %₀. Par contre, le produit a été de 8,758,019 fr., ce qui représente une valeur de 730,000 fr. par homme disparu. Il est utile de constater que, dans ce genre de pêche, les hommes sont payés au mois, et qu'ils ont touché 400 fr. environ pendant les cinq mois de durée de la campagne. La part des participants a varié de 210 à 1,500 fr.

La moyenne de mortalité, pendant les années suivantes, n'a pas sensiblement varié.

Enfin, si l'on veut consulter une statistique récente sur la profession de marin au point de vue sanitaire, comparée avec d'autres industries terrestres, nous voyons, dans un travail que vient de publier l'*Association des propriétaires de mines en Angleterre*, que le nombre des morts par accidents est de 2 %₀ pour les mineurs, de 1,99 %₀ pour les employés de chemins de fer, et de 15,27 %₀ pour les marins.

En ce qui touche le point spécial qui nous occupe, c'est-à-dire la prévoyance, il est facile d'admettre que l'industrie terrestre donne des profits suffisamment rémunérateurs pour permettre aux ouvriers terriens d'économiser et de s'assurer un petit capital pour leurs vieux jours, ou un léger patrimoine pour leurs enfants, alors que l'ouvrier de la mer ne peut même songer, dans les conditions actuelles de salaire et de bénéfice sur la pêche, à prélever sur son traitement une somme, si minime soit-elle, pour l'assurance à quelque Société que ce soit ou pour la retraite, en dehors du prélèvement obligatoire que lui impose la pension de la Caisse de la marine, ou enfin pour la maladie et l'accident, en dehors de ce qui peut lui être accordé par l'armateur aux termes des art. 262, 263, 264 du Code de commerce.

Le poisson et le pain, nourriture nationale. — Étant donné que la mer est la grande pourvoyeuse, car elle est le champ que le marin laboure chaque jour au profit de la masse populaire et même bourgeoise de la population de France; étant reconnu que le poisson : la morue, le hareng, la sardine, sont la nourriture le plus à portée de la classe des travailleurs, la nation doit à celui qui le lui fournit la même attention, la même bienveillance dont sont entourés les ouvriers agricoles, qui labourent, sèment, récoltent le blé, fabriquent la farine et cuisent le pain.

Le poisson doit être l'objet d'un tarif spécial et d'un cours au jour le jour; son transit — sous le rapport de la pénétration et de l'intermédiaire — doit être avantagé dans d'égales proportions que le blé, et ceux qui le pêchent doivent au moins jouir de bénéfices sociaux compatibles avec leur production et leur situation militaire.

Le marin doit posséder une situation sociale égale à celle de l'agriculteur. — Le législateur se préoccupe actuellement du crédit agricole et des mesures accessoires qui doivent apporter quelque bien-être à la classe agricole et développer le rendement de la terre; n'est-il pas rigoureusement juste de jeter un regard au-delà des limites du bloc qui forme le suffrage des campagnes, pour le reposer sur les habitants du littoral, sur le marin pêcheur qui, lui aussi, apporte à l'œuvre de la représentation nationale sa voix plus restreinte, mais valable, dans l'ensemble constitutif de la République.

La question ne peut supporter de discussion contradictoire. Oui, le marin qui pêche le poisson est égal à l'agriculteur qui sème le blé, et il a, en outre, les dangers incessants et redoutables des éléments capricieux. L'agriculteur craint la grêle, la sécheresse, les épidémies sur le bétail, les incendies dus à la fermentation ou à l'imprudence, les inondations, les gelées, les insectes qui rongent les récoltes, mais tout bilan établi, ses risques ne peuvent être comparés avec l'émigration du poisson, son dépeuplement, avec les risques de terre qui jettent la famille du pêcheur dans les sinistres de la maladie, de l'incendie, avec le prix élevé des consommations qu'il ne produit pas et dont il supporte la cherté, enfin avec les risques de la mer qui surprennent dans l'ardeur du travail les plus éprouvés, les plus expérimentés.

Il résulte de ces diverses raisons que, si la situation de l'ouvrier agricole n'est pas absolument dépourvue de risques et mérite l'attention des pouvoirs publics, celle du marin pêcheur est précaire et réclame impérieusement, au nom de la moralité et de l'équité, un soulagement immédiat.

Le marin n'est pas prévoyant; les bains de mer modifient pécuniairement sa situation. — Il faut, en effet, le dire, le marin n'aime pas à verser de son gain dans un but de prévoyance; ses raisons sont très personnelles et des plus spécieuses. Il ne veut pas savoir nager, car, d'après lui, il lui sera impossible de se sauver à la nage pendant une tempête; l'art de la natation prolongera son agonie; il préfère suivre sa destinée.

C'est du fatalisme!

En ce qui touche la prévoyance, s'il amasse de l'argent, il craint que sa femme ne se remarie après sa mort et ne gaspille avec un second mari l'argent qu'il aura amassé en épargnant. Il préfère vivre gaiement quand il est à terre, et après lui la fin du monde. En ce qui concerne les enfants, ils seront, comme lui, marins, inscrits maritimes. Ils vivront de charité en attendant qu'ils soient mousses ou matelots. Fort heureusement, le contact des gens qui s'en vont chaque saison sur les côtes en villégiature modifie ces idées égoïstes et fausses; peu à peu, le marin ouvre les yeux; encore un effort, et l'évolution sociale de la condition du marin sera un fait accompli.

D'autre part, il est un fait incontestable : dans certaines stations de la Manche et de l'Océan, le flot de touristes qu'amène la saison chaude contribue beaucoup à l'amélioration du sort des pêcheurs, qui bénéficient d'une façon directe de la loi de l'offre sans intermédiaire.

Les uns louent leurs maisons à des familles de baigneurs et vivent par là-même d'une existence spéciale qui n'est pas sans leur apporter quelque bien-être. Le poisson péché dans la nuit est vendu sur place le matin à la marée, sans que le profit s'en éparpille; et puis il y a quelques fêtes données et un mouvement commercial qui profite ainsi directement au marin, du moins à la commune dont il fait partie.

L'inscrit maritime, le marin pêcheur ne doit pas être syndiqué. — C'est une grave question que celle du syndicat professionnel et du bénéfice de la loi de 1884, accordés aux marins inscrits et marins pêcheurs. Au même titre que l'employé et l'ouvrier des chemins de fer, le marin est un gardien du territoire; c'est un soldat disponible dont la France peut demander la mobilisation immédiate.

Or, s'il est adhérent à un syndicat professionnel, s'il est centralisé, s'il reçoit le mot d'ordre d'un secrétariat siégeant à Paris, il n'appartient plus à la nation, il n'est plus inscrit, il n'est plus le défenseur du littoral, il devient une arme entre les mains d'ambitieux et de politiciens habiles!

Nous savons bien qu'il existe des syndicats de marins et des prud'hommes maritimes; mais ces institutions ne revêtent aucun caractère politique. Elles possèdent, comme les Sociétés de secours, une action bienfaisante avec, en plus, la sauvegarde des intérêts professionnels. Et puis ces syndicats ont leur autonomie et ne relèvent d'aucun centre d'agitation militante. Les pouvoirs publics feront bien de méditer sur la tendance de sympathie qui pourrait fort bien s'étendre des employés et ouvriers de chemins de fer aux inscrits maritimes.

Qu'on donne seulement le bien-être possible aux marins afin d'éviter leur entrée dans le mouvement syndical qui peut provoquer les grèves, la propagande d'idées révolutionnaires, ou tout au moins l'agitation des esprits vers des rêves impossibles.

Le gain du poisson pêché revient aux intermédiaires. — Il n'est aucune profession, aucun métier qui donne une production aussi forte avec moins de profit au producteur que la pêche!

Pourquoi?

Parce que le prix du poisson entre le point de départ et celui d'arrivée, entre le port et le marché, éprouve une différence énorme, incroyable même.

En voici un exemple : Des côtes de Bretagne, tous les jours, des pêcheurs expédient aux Halles de Paris treize maquereaux pour douze sous. A combien chaque maquereau est-il vendu au consommateur, un jour ordinaire? A 50 centimes :

> Soit....... 0 fr. 65 pour le marin,
> Soit....... 7 fr. 50 pour les intermédiaires !!!

Mais ce n'est pas tout : de ces douze sous, il faut encore que le marin paye la redevance due à la Caisse des Invalides, et l'argent avec intérêt avancé par les écoreurs pour l'achat des objets divers de bouche, de maison, les engins de pêche et la réparation des bateaux.

D'un bout de la côte à l'autre c'est comme ça!

Ce qu'a fait la société en faveur du Marin.

La Caisse des Invalides de la Marine. — A l'époque où tout était à faire pour donner à la France le rang que lui traçait sa destinée géographique et sociale dans l'humanité, un grand ministre, sous un grand roi, entreprit la tâche de créer la marine, puis de consolider son établissement à l'aide d'un Code. Ce monument fut élaboré et il a traversé les siècles sans que son éclat, sa netteté en soient affaiblis par les années de progrès que nous avons franchies. Colbert pensait justement que le commerce de la mer, sa production industrielle et alimentaire, était l'un des plus puissants moyens pour apporter l'abondance pendant la paix et rendre en guerre la force d'un État plus formidable. Aussi est-ce sous l'empire de cette haute pensée, de cette grande préoccupation, qu'il dirigea tous ses efforts, tout son talent vers l'idée fixe de la codification maritime.

De l'ordonnance admirable de 1682 sortit la « Caisse des Invalides de la marine. »

Essentiellement démocratique, cette Caisse, seulement destinée aux matelots, a subi en 1791, par l'Assemblée Constituante, et sous l'Empire en 1811, diverses transformations qui l'ont réduite à l'état de caisse de retraites, prélevant annuellement 3 % sur le salaire des marins et leur donnant, en échange, une pension contre trois cents mois de navigation de mer.

Dans une étude remarquable publiée en mai 1892 par la *Réforme sociale*, lors de l'apparition du rapport de M. Fabre, répondant à certaines critiques dirigées contre la Caisse des Invalides de la marine, M. Le Cour-Grandmaison, député, exposait son opinion autorisée sur l'organisation de l'œuvre de Colbert. C'est, disait-il, une tontine perpétuelle où, depuis deux siècles, des millions de marins sont venus déposer leur épargne et la léguer aux survivants.

M. Le Cour rappelait les travaux historiques de M. de Crisenoy et de M. Delarbre, la personnalité éminente et si philanthropique que ses hautes facultés ont amené à la présidence du conseil des chemins de fer de l'Ouest, puis il retraçait les longues vicissitudes subies par la Caisse.

« Cette grave question, concluait M. Le Cour, de la situation de la Caisse des Invalides de la marine n'intéresse pas seulement les pêcheurs, mais elle mérite d'être étudiée par tous ceux qui s'occupent des questions sociales.

« Il convient cependant de signaler l'apposition d'éléments nouveaux de production qui auront pour effet d'attirer l'attention du législateur sur une modification possible du Code de Commerce en ce qui touche à la marine et à l'assurance, et, par la même occasion, au fonctionnement de la Caisse des Invalides de la marine. »

Sociétés et caisses de secours, de prévoyance, de sauvetage. — L'initiative privée est le coffre sans fond où se puisent les vertus qui font passer sur bien des défaillances; on y trouve, entre autres, la charité et le sacrifice, ces deux fleurons que le Christ enleva à sa couronne pour rendre moins décevants à l'homme les durs passages de la vie.

La charité est une vertu dont s'honore la France, qui n'a jamais été indifférente aux malheurs d'autrui; elle donne pour donner, elle ne compte pas et ne réclame rien.

Ce sentiment humain sommeille dans le cœur de tous les Français, et il est tellement vif qu'il suffit d'un sanglot anonyme pour qu'il s'éveille.

Les sinistres du monde qui émeuvent au suprême degré sont ceux que provoquent les éléments déchaînés. La mer avec ses montagnes liquides aux effrayants versants, aux mortels vallons, est l'image qui arrête la pensée et la frappe de stupeur et d'épouvante. Et puis, on se représente un de ces drames sombres que relatent les journaux au lendemain des grands orages.....

On voit la mer démontée, avec, au ciel, des éclairs et de lourds nuages, et, tout petit, baigné d'écumes, fuyant éperdu dans un sillon que trace la houle, un bateau de pêche avec des hommes qui luttent contre la tempête. Et puis encore c'est une barque qui sombre et les marins que recouvre le blanc linceul des vagues, tandis que du rivage s'élance le canot de sauvetage avec ses héros.....

Mais la tâche, pour dépeindre ce tableau et entraîner à la charité, incombe au modeste journaliste, à celui qui écrit avec son cœur et trouve les mots touchants; alors, du plus petit au plus grand, c'est un courant qui passe, et les listes de souscription se couvrent de noms.

Il s'agit ici des sinistres connus; mais combien sont ignorés, et alors que de misères!

Fort heureusement, nous possédons sur le littoral une ceinture de Sociétés dues à la philanthropie, dues à l'initiative privée, dues à l'esprit de prévoyance, dues aussi à la charité. Quelques-unes ont leur centre à Paris.

Signalons la première, fondée en 1879 par un assureur, un homme de bien, M. Alfred de Courcy : *La Société de Secours aux familles des marins français naufragés.* M. Henry Desprez, directeur du *Comptoir Maritime,* est président de cette grande Société.

Viennent ensuite diverses Sociétés de secours et de prévoyance qui vivent modestement et difficilement à l'aide de minimes cotisations, de faibles dons et de quelques fêtes données de temps à autre; elles accordent en échange des secours aux naufragés, aux orphelins. Citons : la *Caisse du Casino de Boulogne-sur-Mer,* qui a un système d'assurance, ainsi que la *Caisse de Dunkerque,* créée en faveur des morutiers; la *Société de Notre-Dame-de-Bon-Secours,* de Dieppe et du Tréport; la *Société générale maritime,* de Nantes; l'*Institut de sauvetage de la Méditerranée,* qui possède un système d'assurance mixte; la *Caisse mutuelle des pêcheurs d'Islande;* l'*Union syndicale mutualiste des marins du commerce du Havre.....* Signalons encore la Caisse de Saint-Valéry-en-Caux, du Crotoy, de Saint-Valéry-en-Somme, de Courseulles, de Roscoff, de Douarnenez, de Saint-Brieuc, d'Aberwrac'h, des Sables-d'Olonne, de la Seyne.

En résumé, ces diverses Sociétés ou Caisses de secours et de prévoyance fournissent des indemnités à ceux de leurs adhérents qui sont victimes d'accidents de mer, ou perdent leurs bateaux, leurs filets ou autres engins de pêche. Elles consentent à des avances et assurent des pensions et des secours.

Ces Sociétés sont des œuvres d'ordre privé. Les commissariats de la marine n'ont sur elles qu'une autorité purement morale.

Enfin, à côté de ces Sociétés ou Caisses de secours ou de prévoyance, dont la tâche est si grande mais que les durs évènements du métier de marin rendent si pénible, parfois même stérile, il convient de placer les Sociétés de sauvetage, dont les principales, celles qui ont des rapports avec les sauveteurs de la mer, avec ceux de la terre, celles qui glorifient tous les actes courageux, sont : la *Société centrale de sauvetage,* présidée par M. le vice-amiral Lafont. Cette Société, la plus connue, la plus riche, possède des postes de secours, des canots de sauvetage abrités et des marins sauveteurs sur un grand nombre de points du littoral. Fondée en 1865, elle a établi jusqu'à ce jour 79 stations de canots de sauvetage, et plus de 400 postes de porte-amarres et de secours. Elle a sauvé ou secouru 829 navires, et le nombre des personnes qu'elle a arrachées aux tempêtes ne s'élève pas à moins de 7,105. En 1893, ses canots de sauvetage ont sauvé 163 personnes et 29 navires; les stations de porte-amarres et d'engins divers ont sauvé 294 personnes et un navire; c'est, pour l'année écoulée, un total de 457 personnes et 30 navires préservés d'une perte certaine.

Les autres Sociétés sont : la *Société Française de Sauvetage,* présidée par une haute personnalité dévouée à la cause du marin, par M. Boucher-Cadart; la *Société des Sauveteurs de la Seine,* présidée par un sénateur éminent, ancien ministre, qui s'émeut des misères et tente de les soulager, nous avons nommé M. Gomot; la *Société des Sauveteurs Bretons,* bien connue sur les côtes de Bretagne.

Cette Société de sauvetage, sous le patronage duquel s'est réuni le VIIIe Congrès de sauvetage, à Saint-Malo, rayonne d'une façon tutélaire sur la vieille Armorique, elle étend son influence sur les côtes depuis Rouen jusqu'à Bordeaux, et compte actuellement plus de six mille membres.

Elle a pour fondateur M. Nadault de Buffon, et elle est en même temps Société de sauvetage et de sauveteurs; elle donne, selon l'expression du fondateur, des engins de sauvetage aux sauveteurs et des sauveteurs aux engins de sauvetage.

Elle a installé sur les différents points du littoral 76 *stations* de sauvetage, et dans l'intérieur, sur les rivières, canaux, etc., 150 postes de secours, contenant boîtes de médicaments, lignes, engins de sauvetage de toute sorte.

Elle a dépensé depuis sa fondation, 1873, en secours et matériel, une somme dépassant *cinq cent mille francs.*

La Société possède un organe : les *Annales du Bien.* Le président actuel de la Société est un homme de grand cœur et d'ardent dévouement : le commandant Coignerai.

Compagnies d'assurances. — Le risque maritime attirait également le capital : aussi avons-nous à enregistrer l'acte de naissance, puis l'acte de décès de plusieurs Sociétés d'assurances, qui se créèrent en vue d'assurer le marin.

La tâche, en effet, était ingrate, car le marin, plus que l'ouvrier, est réfractaire à l'idée de l'épargne. Quant à la prévoyance, il n'en a nul souci. Aussi les moyens employés par certaines de ces Compagnies étaient-ils des plus originaux. Ainsi, l'*Étoile de la Mer,* autorisée par décret du 1er novembre 1871, était, à ses débuts, encouragée par l'État; le ministre de la marine avait adressé une lettre confidentielle à MM. les commissaires de l'Inscription, afin qu'ils provoquent le consentement à l'assurance dans les milieux de pêcheurs et chez les armateurs; d'autre part, la Compagnie avait su gagner les femmes; elle avait ses courtières dans chaque port, dans chaque station, et, à l'époque des bains, alors que l'air marin sollicitait les terriens à quitter les villes pour accourir à la côte, c'était, le soir venu, des bals, des fêtes dans les Casinos, en faveur de l'assurance du marin pêcheur. D'ailleurs, ces courtières étaient de fervents disciples de la charité, et c'était en son nom qu'elles opéraient des miracles. Et puis encore, l'*Étoile de la Mer* avait été autorisée par la *Société centrale de sauvetage* à accorder une assurance de 500 fr. à chaque sauveteur victorieux des éléments et revenu à terre avec la victime arrachée aux flots et vivante.

C'était, on le voit, bien organisé; mais l'*Étoile de la Mer,* malgré son beau programme, n'a pas obtenu tout le succès désirable, et, quoique morte de sa belle mort, après d'honorables années écoulées, elle a abandonné en chemin l'assurance du marin comme étant impossible à effectuer.

Auparavant, la Société anonyme la *Sécurité Générale*, autorisée par décret impérial du 15 novembre 1865, avait également entrepris l'assurance du marin. Cette Compagnie actuellement se nomme *Soleil, Sécurité Générale et Responsabilité réunies*, et possède une place de premier ordre parmi les Compagnies assurant le risque professionnel.

Comme le découragement ne peut exister en matière de prévoyance et qu'il peut surgir, un jour prochain, un assureur de marins, voici, à titre de document, les conditions d'assurance indiquées sur la police de l'*Étoile de la Mer* :

Cette Société garantissait aux marins une pension viagère dans le cas d'incapacité de travail causée par un accident, et une indemnité pour leurs héritiers, en cas de mort. La garantie s'étendait aux naufrages et aux accidents arrivant à bord, y compris tous les accidents arrivés à terre pour le service du bord et ceux qui pouvaient arriver pendant le rapatriement.

Les primes étaient fixées de la manière suivante, pour assurer une indemnité de 1,000 fr. à la famille en cas de mort, et 50 fr. de rente viagère en cas d'incapacité permanente :

Pour les marins naviguant au long cours ou à la grande pêche, 15 fr. 50 pour le cas de mort ou incapacité de travail; 20 fr. environ pour les deux cas réunis. Les primes étaient augmentées de 5 à 7 fr. pour les mêmes risques atteignant les marins du cabotage, du touage, de la petite pêche, de la navigation de plaisance.

L'*Étoile de la Mer* garantissait à l'assuré ou à ses ayants droit le payement d'une indemnité convenue dans le cas où, pendant le cours de l'assurance, l'assuré devenait victime d'un accident de mer entraînant la mort ou une mutilation grave.

L'assurance était faite soit pour un voyage déterminé, soit pour un ou plusieurs mois, même pour l'année entière; elle se prêtait aux exigences particulières de chaque navigateur.

Les primes annuelles variaient suivant la nature du contrat.

Le genre de navigation était partagé en deux divisions : le long cours et le cabotage.

Au long cours, les primes étaient de 3,8 à 5,8 % du capital assuré. Au cabotage, la prime variait de 0,10 % à 1 %, suivant les régions.

Signalons encore la tentative plus récente d'un assureur, de M. Collet. Qu'avait donc imaginé M. Collet? M. Collet, innovateur de l'assurance des marins par le système d'un centre commun, était persuadé qu'il fallait créer des Sociétés nouvelles partout où il n'en existait pas et les relier à un centre mutuel social.

En appliquant ce système, toutes les Sociétés du Nord, ainsi que celles du Midi, devaient verser chaque année à ce centre mutuel une somme même inférieure à celle qui représentait leur moyenne de risques, et ce centre mutuel leur devait donner chaque année, à son tour, les sommes nécessaires pour payer les indemnités dues aux sinistrés.

Pour obtenir ce résultat, il était indispensable de fonder une Société reliant entre elles toutes les caisses de secours du littoral et assurant individuellement les marins par l'intermédiaire de l'armateur.

Ce but semblait atteint par la création de la Société l'*Assurance mutuelle des marins*.

Mais M. Collet ne réussit pas, aucun concours ne lui ayant été apporté.

M. Collet avait sans doute puisé son idée dans le fonctionnement d'un système inauguré par le fondateur d'une Société anonyme nommée la *Garantie générale*, centre commun, banque de cinquante mutuelles incendie, grêle et bétail, disséminées un peu partout en France, mais possédant chacune leur autonomie et un conseil d'administration composé des autorités du pays.

Moyennant une quote-part sur les affaires, ces Sociétés recevaient la garantie de la *Garantie générale*, bien dénommée, qui acceptait au besoin la réassurance des risques dont elles avaient dépassé le plein.

Cette idée de M. Roussel appliquée aux risques terriens, puis de M. Collet en faveur du marin, est une des plus fertiles en ingéniosité que nous ayons jamais rencontrées.

Malheureusement, aujourd'hui il ne reste que le souvenir de ces institutions, de ces tentatives, de ces idées!

Actuellement, voici quel est l'état de la question en ce qui touche l'assurance des marins par les Compagnies privées d'assurances.

L'assurance des marins est restée jusqu'à ce jour limitée aux équipages des navires de commerce affectés aux transports, tant pour navires à vapeur que pour navires à voiles. Ces assurances, qui se sont développées dans une assez large proportion depuis plusieurs années, sont ainsi basées : moyennant paiement d'une prime calculée sur les gages payés aux équipages, les assureurs garantissent une somme déterminée pour le cas de mort et pour le cas d'incapacité permanente. En outre, l'assureur paie aux armateurs les frais d'hôpital occasionnés par un accident, ainsi que les frais de rapatriement quand, à la suite d'un accident, l'armateur est obligé de rapatrier les matelots devenus incapables de continuer leur service. Des capitaux différents sont stipulés pour les matelots et pour les officiers. En outre de cette assurance profitant aux hommes de l'équipage en cas d'accidents les frappant tant qu'ils figurent sur le rôle d'équipage, l'armateur fait garantir sa responsabilité civile pour le cas où l'accident serait attribué à une faute de l'armateur ou de ses préposés, et où il aurait à payer une indemnité aux hommes blessés dans ces conditions. Certains armateurs assument seuls la charge de la prime; d'autres font contribuer leurs équipages dans une faible proportion, par une faible retenue sur leurs gages, à l'assurance qui les couvre spécialement et dont ils profitent. Ces assurances se développent chaque année et entrent dans la pratique des armements.

L'assurance des marins affectés à la grande pêche (Terre-Neuve et Islande), de même qu'à la petite pêche ou pêche côtière, a donné lieu à des études diverses; mais elle n'a pas fonctionné, sauf dans quelques cas restés isolés. Cette assurance est très pratique et peut facilement être organisée par l'industrie privée, du jour où les intéressés, armateurs et matelots, consentiront à payer une prime. Or, jusqu'à présent, personne n'a voulu payer cette prime. C'est pourquoi ces assurances sont restées dans l'oubli et qu'on s'est borné à constituer, dans quelques ports, de simples Sociétés de secours permettant de soulager certaines misères criantes, et n'ayant rien de commun avec l'assurance, qui crée aux intéressés un droit et les fait sortir du rôle de solliciteurs invoquant la charité publique ou privée. Pour que ces assurances se développent et deviennent pratiques, il faut qu'elles se généralisent et embrassent l'ensemble du personnel affecté tant à la grande pêche qu'à la pêche côtière. Il faudrait arriver à faire payer les primes par les armateurs, tout en demandant aux matelots une faible contribution, afin de les associer aux mesures de prévoyance qui s'imposent à tout homme vivant de son travail. La cotisation à réclamer au matelot ne peut être que minime; mais elle paraît indispensable, plus peut-être au point de vue moral qu'en raison du concours pécuniaire qu'elle apporterait au service des assurances.

Si ces assurances devaient se généraliser, on pourrait les entreprendre moyennant le paiement de primes représentant, pour la pêche à Terre-Neuve et à l'Islande, une prime de 30 fr. par homme embarqué; et, pour la pêche côtière, une prime annuelle de 8 à 10 fr. par homme. Peut-être même pourrait-on réduire sensiblement ces taux si l'assurance se généralisait d'une manière absolue.

Moyennant ces primes on garantirait 1,000 fr. en cas de mort et 1,000 fr. en cas d'incapacité ou infirmité permanente et, de plus, l'assureur paierait les frais d'hôpital et de rapatriement. Les officiers auraient à régler une prime plus élevée. Dans ces conditions, il y aurait à payer, pour la pêche à Terre-Neuve, une prime d'environ 900 à 1,000 fr., les équipages étant composés de trente à trente-cinq hommes; et, pour l'Islande, d'environ 600 fr., les équipages étant en moyenne de vingt et un à vingt-deux hommes.

Pour la petite pêche, il est facile de se rendre compte de la charge que l'assureur ferait peser sur les armements, en raison du nombre d'hommes embarqués, lequel varie beaucoup.

Des armateurs parlent avantageusement de l'organisation de la caisse d'assurances par la Caisse des invalides de la marine. La Caisse des invalides ne pouvant se charger de ce service onéreux avec ses ressources actuelles, devrait frapper une contribution supplémentaire atteignant les matelots en même temps que les armateurs. Dans ces conditions, et du moment où il faudrait payer, il est douteux que ce système puisse être préférable à l'assurance par l'industrie privée.

Il nous faut signaler, pour rester dans l'historique des faits, que la *Foncière-Transports,* Société puissante d'assurances maritimes transports, et contre les accidents, se trouve fréquemment en rapport avec les armateurs, et conclut avec eux l'assurance des marins pêcheurs à la grande pêche. Il nous a été confirmé que cette Compagnie avait une combinaison avantageuse, acceptée des armateurs, afin d'assurer les marins de Terre-Neuve et d'Islande lors de la prochaine campagne de 1893.

A la Martigue, un accord existe entre patrons pêcheurs, qui forment une assurance entre eux. Cette assurance porte sa garantie sur la coque du bâtiment et sur une partie de la mâture. Les patrons pêcheurs s'engagent à verser la somme de 5 fr. par semaine, soit, pour trente-quatre bateaux assurés, 170 fr. par semaine.

Un décret du 19 novembre 1859 réglemente la pêche côtière dans le cinquième arrondissement maritime de Marseille.

La Zurich, Compagnie suisse honorable et de grande importance qui a une Direction en France, fait l'assurance d'équipages de bateaux à *vapeur* pour la *pêche,* le *cabotage* et le *long cours.* Les assurances se contractent avec les armateurs collectivement, en faveur des équipages, *avec* et *sans* garantie de la responsabilité civile de l'armateur.

Les contrats stipulent des indemnités pour les cas de *mort,* d'*invalidité* et d'*incapacité temporaires.*

Le cas de *fortune de mer* est généralement exclu, et, s'il est compris, il implique une forte augmentation de prime.

Les armateurs paient toute la prime et ne font pas de retenue aux équipages. Ceux-ci sont presque toujours sûrs d'avoir une indemnité, que l'accident provienne de leur faute ou non. Seulement, si la fortune de mer est exclue, la Compagnie ne doit rien en cas de naufrage, de noyades, etc.

Les indemnités sont, en cas de mort, de une à deux fois la paye annuelle; en cas d'invalidité, du double.

La Zurich fait aussi quelques assurances de bateaux *à voile,* surtout de pêche, et alors c'est le patron du bateau qui contracte l'assurance et qui paie pour l'équipage, et ce dernier paie sa part. Mais, nous venons de le dire, cette assurance est peu développée, les Compagnies craignant ce risque.

Comme nous l'avons noté plus haut, la *Foncière-Transports* et la *Zurich* contractent des assurances de ce genre. Signalons encore l'*Abeille* et le *Secours* et une autre Compagnie suisse, la *Winterthur.*

Enfin, l'*Institut de Sauvetage de Marseille* a présenté au Congrès de Toulon une combinaison spéciale d'assurance-épargne, offrant à tous les travailleurs, sauveteurs et marins compris, la possibilité de constituer à leur profit un patrimoine au bout d'un nombre déterminé d'années, avec retour immédiat d'un même capital aux héritiers, en cas de prédécès du titulaire.

La combinaison que patronne l'*Institut de Sauvetage de Marseille* émane de la Compagnie d'assurances sur la vie l'*Abeille*, et se nomme l'*Assurance-Épargne*. Les conditions en sont très libérales, et le versement mensuel d'une cotisation minime permet d'aborder cette assurance, dont nous signalons l'existence.

Les Congrès. — Au nombre des manifestations de la Société, soit en faveur des revendications d'une classe, soit pour l'étude des questions techniques ou professionnelles, il faut compter les Congrès.

Les Congrès sont constitués par un comité d'organisation, composé de hautes personnalités, de savants, d'économistes, de journalistes et de professionnels, qui préparent les questions à discuter contradictoirement en séance publique, dans un lieu choisi.

Les Congrès expriment des vœux qui sont adressés aux pouvoirs publics.

En faveur des marins pêcheurs, on compte plusieurs Congrès dus à l'initiative privée, notamment ceux de sauvetage de 1888, 1889, 1890, et celui de Saint-Malo.

Les vœux de ces Congrès ont toujours été formulés afin d'apporter la plus grande part possible d'amélioration à la situation du marin pêcheur.

Le Congrès de 1889 exprimait les vœux suivants :

1º Qu'une statistique des accidents maritimes, affectant les personnes, soit relevée avec soin par l'administration compétente; en outre, qu'il soit dressé un tableau déterminant le nombre des blessés, les cas d'incapacité de travail temporaire, les cas d'infirmité permanente, partielle ou totale, par rapport au nombre des marins inscrits pour les navigations. Cette statistique devra avoir pour effet de favoriser la recherche d'une tarification indispensable à une assurance des marins.

2º Les marins et patrons à la pêche ne possédant pas de ressources suffisantes pour couvrir les risques de leur état par l'assurance, il sera étudié un projet ayant pour but de donner le patronage de l'État aux institutions privées d'assurances qui répondraient dans leurs programmes aux conditions de bon marché, de sécurité et d'honorabilité.

3º Comprendre dans le bénéfice d'une assurance à primes restreintes les sauveteurs marins et autres, qui doivent être considérés au même titre que les soldats qui meurent sur le champ de bataille.

Le Congrès appelait enfin la bienveillance du Sénat sur la loi Farcy, votée par la Chambre des Députés, ayant pour effet d'accorder des pensions aux veuves des citoyens qui meurent en se dévouant pour la cause publique et aux citoyens ayant contracté des blessures graves dans les mêmes circonstances, quoique le patronage de l'État accordé aux institutions d'assurances privées à l'égard des marins et sauveteurs, ainsi qu'il est indiqué plus haut, réponde mieux au désir qui résultait du rapport annexé à ces vœux.

Le Congrès de sauvetage de 1890 présentait les conclusions suivantes :

1° Insister auprès du législateur pour admettre dans une loi libérale contre les accidents la profession de pêcheur, afin de faire contracter l'assurance à une Société privée, ou, tout au moins, de créer une large responsabilité civile de l'armateur;

2° Développer l'idée de la prévoyance chez les marins, en les engageant à épargner.

On pourra utilement obtenir ce but en augmentant leur salaire de pêche au moyen de la participation et en mettant à leur disposition un matériel perfectionné; il sera nécessaire, dans ce cas, de favoriser les armateurs par la vente à crédit de bateaux et d'engins de pêche.

Il sera également charitable de doter les marins de livrets de caisse d'épargne, de concessions de terre, de matériaux pour bâtir : c'est aux Sociétés de bienfaisance que ce rôle est dévolu; enfin, il faudra créer des établissements hospitaliers qui auront pour but de soustraire le marin à l'avidité des logeurs et cabaretiers.

Dans le laps de temps qui nous sépare de 1889, époque des grandes manifestations, on compte encore quelques Congrès professionnels où la cause du marin a été plaidée. Citons : les Congrès de Marseille, Bordeaux et Paris.

A Marseille, en 1891, un Congrès très intéressant a été tenu, à la Bourse du Travail, sous la présidence de M. Charles Dupon, capitaine au long cours. Dans ce Congrès, les questions des accidents, des naufrages, de l'Inscription maritime, de la Caisse des invalides, des retraites pour les veuves, les orphelins, ont été traitées énergiquement. Il s'agissait là de revendications et surtout de récriminations contre la Caisse des invalides, qui était dure pour les veuves des marins morts avant les fameux trois cents mois de navigation révolus. Donc, le capitaine Dupon réclamait l'abaissement du maximum de navigation effective à la mer de trois cents à deux cent cinquante mois, et de la limite d'âge de cinquante à quarante-cinq ans. Il réclamait la retraite aux veuves et orphelins des marins morts en activité de service, après quinze années effectives, et la retraite proportionnelle aux inscrits maritimes, après quinze ans effectifs maximum. Enfin, l'unification de pension de retraite était divisée en trois catégories : 600 fr. aux inscrits non munis de brevet, 900 fr. aux inscrits munis du brevet au cabotage, 1,200 fr. aux inscrits munis du brevet au long cours.

Cette question de la Caisse des invalides a été l'objet d'une étude approfondie de la part du capitaine Dupon, et voici en quels termes il a exposé son projet de réforme :

1° Retour par l'État à la Caisse des invalides des 235 millions qu'il lui a empruntés, ou une rente annuelle de 7 millions, en attendant ce remboursement.

2° Élévation de 3 à 5 % de la retenue sur la solde de tout homme embarqué sur un bâtiment quelconque et à quelque titre que ce soit, français ou étranger, au profit de la Caisse des invalides.

3° Taxe minimum de 10 fr. sur tout navire faisant son entrée en douane française, colonies comprises. A partir de 200 tonneaux de jauge, la taxe minimum de 10 fr. serait augmentée de 1 centime par tonneau de jauge.

4° Autonomie absolue de la Caisse des invalides, au profit exclusif des inscrits maritimes, pour lesquels elle doit constituer une véritable caisse d'assurance générale pour leurs familles, une caisse de retraite pour la vieillesse, en même temps qu'elle constitue une caisse de secours mutuels entre tous les membres de la grande famille des travailleurs de la mer.

5° Publication annuelle du bilan de la Caisse des invalides, sous le contrôle mixte de l'État et des Syndicats professionnels des inscrits maritimes.

A cet exposé de réformes était joint le projet de budget suivant :

RESSOURCES

Prélèvement de 3 °/₀ sur toutes les dépenses du budget de la marine, estimé 200,000,000	6.000.000
Retenue de 5 °/₀ sur les salaires	3.000.000
Retenue du capital actuel 3 °/₀	5.000.000
Dû par l'État (annuité)	7.000.000
Taxes sur navires et tous autres revenus	4.000.000
	25.000.000

CHARGES

Sur 21.000 pensionnaires inscrits :

14.000 à 600 fr.	8.000.000
4.000 à 900 fr.	3.600.000
3.000 à 1.200 fr.	3.600.000
10.000 à 400 fr. (moyenne)	4.000.000
2.000 veuves à 400 fr. (moyenne)	1.800.000
Frais d'administration	500.000
	21.500.000

Il semble que ce Congrès ait épuisé toutes les revendications des marins : exposons donc les questions posées et les vœux ou discussions auxquels ils ont donné lieu.

M. Gautier, président et délégué du Syndicat des prud'hommes pêcheurs de Marseille, qui demandait la création d'un Code réglant la pêche côtière conformément à la juridiction de la Cour d'Assises; la suppression des bateaux-tartanes; la suppression immédiate du filet Brégin; la suppression du gangin aux oursins; l'interdiction du filet Mugelière aux embouchures des ports et du gangin à la voile pendant huit mois de l'année, ce dernier ne pouvant travailler que du 1er novembre à fin février, de jour seulement et dans les fonds de dix-huit brasses au moins.

M. Gautier voulait, en outre, la création d'un permis de pêche pour tout amateur, au prix unique de 5 fr., et qu'une loi spéciale de protection de la pêche française fût votée par la Chambre, pour qu'une marque distinctive du poisson à la glace empêchât la confusion avec le poisson frais (la queue coupée, par exemple) ; enfin, que l'État prît toutes les mesures possibles pour détruire ou chasser les marsouins, ces ravageurs des filets : battues organisées par les garde-côtes de chaque prud'hommie, renforcés par des chaloupes de l'État.

On dit le président du Syndicat des prud'hommes pêcheurs de Marseille très compétent dans ces questions.

Après M. Gautier, le capitaine Dupon a parlé à nouveau en faveur des pêcheurs de Collioure, lesquels, obligés d'user d'engins réglementaires, se trouvent dans l'impossibilité de lutter avec les Espagnols, qui raflent tout le poisson sur leur passage et viennent inonder le marché français de poissons à vil prix, ce qui cause la ruine absolue des pêcheurs français. En conséquence, ces pêcheurs réclament que la Chambre, au renouvellement du traité avec l'Espagne, frappe d'un droit d'entrée suffisant tout poisson frais ou demi-salé de provenance espagnole, afin d'enrayer la concurrence déloyale et ruineuse qu'elle constitue pour nos pêcheurs, soumis à des règles que justifie la conservation des richesses maritimes du littoral français, et dont sont affranchis les pêcheurs espagnols.

A propos des prud'hommies, M. Eustache, de Marseille, a exposé un projet aux termes duquel il serait établi dans tous les ports de France une prud'hommie maritime commerciale devant laquelle seraient portées les réclamations motivées des marins.

La parole a été ensuite accordée à M. Pradère, délégué de La Ciotat, sur les accidents et naufrages. M. Pradère a fait ressortir la triste position du marin qui se trouve victime d'un accident à bord d'un navire. Le manque de connaissance de ses droits, l'abandon et l'isolement où il se trouve, le défaut d'argent, le mettent dans l'impossibilité de lutter. Aussi, pour atténuer les conséquences de ces malheurs, il est équitable que toutes les questions d'accidents survenus au service d'un navire soient soumises au conseil des prud'hommes marins, qui jugeront en dernier ressort ; et que, lors d'un naufrage, l'armement indemnise l'équipage de la perte de tous effets et objets nécessaires à la navigation. En outre, le marin naufragé sera rapatrié au port d'armement du navire perdu, et ses salaires courront jusqu'au jour de son arrivée. Ce temps lui comptera comme navigation, puisqu'il continuera de payer la retenue sur ses salaires à la Caisse des invalides.

Enfin, pour terminer cette liste de conclusions, il faudra que tout marin débarqué du fait de l'armement soit ramené au port d'armement, avec salaire, par les soins et aux frais de l'armateur.

La série des questions a été close par M. Morel, délégué de Saint-Tropez, au sujet des *Sailors-Homes*.

Parmi les améliorations et les réformes urgentes dont l'étude s'impose au

Parlement, a dit l'orateur, celle de l'Assistance prime toutes les autres. M. Morel comprend l'Assistance publique par le travail au moyen des Bourses du Travail pour les ouvriers des villes, et au moyen des *Sailors-Homes* pour les marins, qui ne seront plus à la merci des hôtesses et des marchands d'hommes.

En conséquence de cette communication intéressante, le Congrès a invité les pouvoirs publics à assurer la création dans chaque grand port d'un *Sailors-Home* pour recevoir les marins et les naufragés. L'État aurait le concours des Chambres de Commerce et des municipalités pour créer ces établissements, considérés comme d'utilité publique. Ces *Sailors-Homes* seraient administrés par les Syndicats professionnels.

Tels sont les graves débats du Congrès de Marseille, que, respectueux des faits, nous n'avons pas cru devoir laisser dans l'oubli.

D'ailleurs, la cause du marin pêcheur ne peut que gagner à cette exhumation des choses passées. On mesure le chemin parcouru et l'on constate que tout reste à faire.

C'est en 1892 qu'a eu lieu le second Congrès national maritime. En voici les conclusions :

Institution de caisses d'invalides, augmentation du taux des retraites, réduction de la durée de navigation, abaissement de la limite d'âge professionnelle à partir de quinze années de service ;

Pensions aux veuves et aux orphelins des marins morts en activité après quinze ans de service ;

Administration par les intéressés, sous le contrôle de l'État, de la Caisse des invalides, qui serait alimentée en portant à 5 % la retenue sur le budget de la marine et en abaissant les taxes sur les navires entrant dans nos ports ;

Pension assurée aux marins victimes d'accidents.

Enfin, le troisième Congrès professionnel a été tenu à Paris en 1893. Le capitaine Dupon y renouvelait ses réclamations; il voulait le minimum légal des salaires, la réforme complète de la gestion, administration et budget de la Caisse des invalides, puis la révision générale ainsi que l'unification des tarifs de pension.

Les délégués de Dunkerque et du Havre y ont demandé la création de prud'hommes maritimes, l'assurance des marins en cas de mort et d'accident sur tout navire dont le corps et les marchandises seraient assurés.

Enfin, la question de retraite des marins du commerce y était aussi agitée. Ces retraites, divisées en trois catégories, accorderaient aux capitaines au long cours et aux chefs mécaniciens 1,200 fr., aux maîtres au cabotage 900 fr., et aux inscrits maritimes de toutes professions 600 fr. Il était encore question, dans l'idée de ces messieurs, de créer des retraites professionnelles après quinze ans de navigation, avec les mêmes droits, pour les veuves et les orphelins des inscrits maritimes, à l'expiration de cette durée de service.

Il est facile de remarquer que, dans ces Congrès professionnels, le marin à la petite pêche est assez négligé : il entre seulement comme nombre dans les projets présentés, lesquels sont particulièrement avantageux à la marine marchande.

Malheureusement, le marin pêcheur est bien moins fortuné que le marin au cabotage ou au long cours et ne peut avoir son Congrès! Et pourtant quel bon ouvrage on y ferait!

M. Édouard Marbeau, ancien auditeur au Conseil d'État et directeur de la *Revue Française*, s'est beaucoup occupé des marins pêcheurs, soit dans son journal, soit en conférences.

Procédons par ordre. — En 1888, M. Marbeau entreprend une étude sur la ruine de l'Inscription maritime, à propos d'une pétition de 3,000 armateurs, patrons et pêcheurs, tendant à obtenir que le départ pour la pêche du hareng soit interdit avant une époque déterminée.

M. Marbeau trace un tableau navrant de la situation du pêcheur, que ruine peu à peu l'avilissement du prix du poisson, du hareng surtout. Cet avilissement ayant pour conséquence le travail au mois au lieu de celui à la part, — lequel peut être considéré comme de la véritable participation aux bénéfices, — il s'ensuit que le pêcheur de hareng s'embarque au chalut et cause à la reproduction du poisson côtier une insurmontable difficulté.

Le départ prématuré pour la pêche du hareng est la cause de tout le mal. M. Marbeau s'explique sur ce point avec une clarté et une compétence absolues... Mais, pour trancher cette grave question, une entente avec l'Angleterre, la Hollande et l'Allemagne est indiquée, le hareng se pêchant sur les côtes des Hébrides et des îles Loffoden.

Après cette étude, sous le titre de : *Destruction de la participation aux bénéfices chez nos marins de la Manche,* M. Édouard Marbeau fait une conférence à la *Société des Études coloniales et maritimes,* en 1889. M. Marbeau remonte au temps heureux où le pêcheur était l'associé du patron, participant dans les bénéfices du bateau, travaillant à la part; puis il s'afflige de la venue du prolétariat, qui amène avec lui le système des engagements au mois. Ce système, d'après le rapport même d'un ancien commissaire de la marine à Boulogne, se révèle comme devant amener la décadence prochaine de la profession de marin. — Il s'agit ici des pêcheurs au hareng et de la population maritime de Dunkerque, Fécamp, etc.

M. Marbeau revient sur son article de 1888, c'est-à-dire sur la pétition des 3,000 pêcheurs, afin de réglementer l'époque des départs, et sur les prix du hareng expédié en France par les Anglais et par les Français. Pour M. Marbeau, de la pêche au hareng dépend celle du maquereau, et les autres, de poisson côtier; et, selon que le travail à la part sera proclamé avec la réglementation des départs, les pêcheurs auront ou n'auront pas la juste rémunération de leur production.

M. Marbeau confesse que l'Inscription maritime est basée sur le système des anciennes corporations et place l'inscrit en dehors du droit commun, et que la réglementation de la pêche déclarée non libre est la sauvegarde de l'Inscription, au même degré que le travail à la part.

Les Syndicats. — En outre des Sociétés de secours mutuels établies sur la côte de France, signalons l'existence de plusieurs Syndicats, notamment ceux du Havre et de Dunkerque, intitulés *Syndicats des marins réunis de France.*

On est assez porté à croire que cette idée de Syndicats de marins remonte à des temps très lointains. En effet, aux environs de Dunkerque, à Fort-Mardick, a existé, durant un siècle et demi, une colonie de marins qui n'a pas réussi, à cause de son caractère trop phalanstérien. Louis XIV avait donné une partie du sol, propriété de l'État, à quatre familles qui prospérèrent pendant près d'un siècle. Charles X, en 1829, prononça la déchéance des marins pêcheurs de Fort-Mardick.

M. l'abbé Lemire s'est sans doute inspiré de cette libéralité du grand roi pour élaborer son projet de donation du sol marin aux pêcheurs de nos mers de France.

Manifestations législatives et gouvernementales en faveur des marins pêcheurs. — Remontons à l'époque assez lointaine où M. Cordier montait à la tribune du Sénat, alors qu'on discutait un des premiers projets de loi sur le risque professionnel, c'est-à-dire sur l'assurance contre les accidents du travail. L'honorable sénateur, ému par de récentes catastrophes, par les misères toujours nouvelles de la population maritime, conjurait ses collègues de venir en aide aux marins, et réclamait en leur faveur une loi d'assistance.

M. Farcy demandait à son tour aux députés une loi ayant pour objet d'assurer une pension au sauveteur marin, blessé dans le service du dévouement ou à la suite. M. Farcy étendait les effets de la pension à la veuve ou aux orphelins du sauveteur victime de son dévouement.

Il n'est pas inutile de signaler en passant que cette loi humanitaire a été votée, il y a six ans, par la Chambre, mais que le Sénat n'y a pas encore apposé sa sanction.

M. Félix Faure, député de la Seine-Inférieure, « un homme d'aurore auquel le monde appartient, » a dit de lui un de ses courtois adversaires politiques, M. Félix Faure s'est beaucoup occupé des marins. En 1880, il fit à la Chambre un discours remarqué sur la marine marchande. C'est, assure-t-on, M. Félix Faure qui serait le père du risque professionnel et qui en aurait donné l'idée au prince de Bismark en présentant à la Chambre française son fameux projet sur la responsabilité des patrons en matière d'accidents.

M. Félix Faure, que hantait la pensée de secourir les marins, déposait en 1889 une proposition de loi tendant à rendre applicables aux marins du commerce les dispositions du projet de loi adopté par la Chambre des Députés et concernant la responsabilité des accidents dont les ouvriers sont victimes dans leur travail. Le projet de M. F. Faure, établi sur des bases d'assurance jadis mises en vigueur par des Compagnies spéciales qui avaient tenté d'assurer les marins, présente d'excellents éléments; mais il a donné prise à la critique, en ce sens qu'il est impossible de recourir à l'État pour pratiquer l'assurance. En outre, le projet de l'estimable député, actuellement ministre de la marine, imposait une trop lourde charge à l'armateur, qui, pour éviter la loi, aurait pu armer sous pavillon étranger.

Signalons en 1890 l'intervention de M. Barbey, ministre de la marine, auprès de la Commission chargée d'étudier les modifications à apporter à l'Inscription maritime. Il était, paraît-il, question de supprimer l'Inscription et les quelques bénéfices qui s'y rattachent, pour la raison que, depuis 1872, ce régime spécial procurait à la population qui pratique la navigation maritime des avantages excessifs.

M. Barbey a obtenu de maintenir le système de l'Inscription.

De son côté, il y a quelques années, M. Adrien Liais, député de Cherbourg, réclamait à la tribune qu'on ajoutât à la loi sur les accidents du travail, en discussion alors, — cette loi est toujours restée en discussion — un article comprenant le travail maritime, et il présentait un amendement en ce sens, amendement qui a été repoussé.

Est-il possible, disait l'honorable député, de diviser nos marins en deux catégories : les uns jouissant du bénéfice de la loi et les autres s'en trouvant exclus?

Si les marins des paquebots blessés dans leur travail reçoivent l'indemnité légale, comment le matelot de pêche est-il en dehors de la loi?

Si l'un des deux méritait d'être secouru plutôt que l'autre, ce serait bien le marin pêcheur.

Le marin du paquebot a un bien-être dont son camarade est absolument privé. Il trouve à son bord un médecin, un infirmier et des soins de toute sorte, physiques et moraux.

Le pêcheur d'Islande ou de Terre-Neuve est labouré par la mer; il n'a ni hamac ni couchette; il ne se débotte jamais pendant la campagne; il dort sur le pont ou dans un trou, privé d'air; il mange des vivres avariés; les piqûres d'hameçons lui occasionnent des panaris qui exigent des amputations fréquentes et entraînent la mort; les tempêtes jettent le navire à la côte, le font sombrer sur ses ancres ou engloutissent les chaloupes de pêche.

Cette plaidoirie n'a pas convaincu la Chambre.

Plus récemment, un député qui a bien voulu accepter de faire partie de notre Comité d'organisation, M. le vicomte de Montfort, député de Rouen, a repris et amendé un ancien projet de M. Le Cour, député de Nantes.

Le rapport de M. de Montfort est trop d'actualité, il touche à trop d'intérêts pour le laisser sans analyse. Ce travail est, d'ailleurs, une œuvre humaine et réparatrice, digne de tous les respects.

On retrouvera nécessairement, dans l'analyse que nous allons faire de ce projet, certains points traités ailleurs, dans d'autres parties de notre rapport; mais il faut comprendre qu'il nous est impossible de rester dans l'historique des faits, et d'élaborer un document qui pourra servir à la cause que nous défendons, si nous sommes trop bref et si nous restons dans l'exposé sans commentaires.

Donc, M. de Montfort signalait en première ligne dans son rapport les charges de l'armateur.

Le Code de commerce a prévu certains cas de risques professionnels dans les art. 262, 263 et 264, modifiés par une loi du 12 août 1885. Aux termes de ces articles, le matelot, en cas d'accident, maladie, blessure ou captivité, est soigné, traité et rapatrié aux frais de l'armement; il touche son salaire intégral jusqu'à ce qu'il ait contracté un engagement nouveau ou qu'il ait été ramené à son port d'embarquement; enfin, dans le cas où il aura été rapatrié avant d'être complétement guéri, l'armement lui doit son salaire jusqu'à complet rétablissement, et l'obligation ne prend fin qu'au bout de quatre mois à compter du jour où le marin a été laissé à terre. En résumé, l'accident ne donnant lieu qu'à une incapacité temporaire de travailler est mis entièrement à la charge de l'armement. Cette réparation serait convenable si l'art. 216 ne permettait à l'armateur de se libérer par l'abandon de son navire.

M. de Montfort passe ensuite aux charges de l'État.

Celui-ci possède, adjoint à la Caisse des invalides, — qui ne paye que des pensions aux marins inscrits, moyennant une retenue opérée sur les salaires, — un chapitre spécial appelé *Secours d'urgence*. Ces secours sont accordés à la famille du marin mort en cas d'accident ou disparu dans un naufrage.

Ces secours, dont le taux avait été fixé d'abord par la circulaire du 20 juin 1883, ont été notamment augmentés au moyen des crédits mis à la disposition de la Caisse des invalides de la marine par la loi du 30 janvier 1893. Cette loi, en effet, attribue à la Caisse des invalides le montant de la retenue de 4 % sur la prime à la construction et à la navigation, de telle sorte que le secours d'urgence a été fixé par la circulaire du 31 juillet 1893 aux taux suivants :

Pour les veuves ou ascendants de capitaines au long cours, 200 fr.

Pour les veuves ou ascendants de maîtres au cabotage, 150 fr.

Pour les veuves ou ascendants de marins non brevetés, 100 fr.

Et pour les enfants au-dessous de seize ans, non embarqués, 40 fr.

Mais aucun autre secours n'est accordé à la famille avant une année écoulée.

Les veuves peuvent obtenir ensuite un secours annuel qui varie suivant la durée des services, l'âge, les charges de famille, entre 30 et 80 fr. par an, aux termes de l'instruction spéciale du 28 février 1886.

A propos de ce faible secours, de cette aumône, que les malheureuses veuves touchent tous les trois ans peut-être, M. de Montfort a dressé aux annexes de son excellent projet de loi un tableau qui permet de se rendre compte de la répartition de ces sommes pour l'exercice 1888, distribuées à titre de *secours* aux *marins de l'État* et du commerce, aux militaires, ouvriers et agents divers du département, à leurs veuves, à leurs orphelins ou à leurs père et mère.

Cette somme s'élève à 998,687 fr.

Dans la nomenclature nous relevons bien que ces secours sont accordés aux veuves, orphelins ou ascendants de marins noyés dans les naufrages des navires du commerce ou des bateaux de pêche, etc., etc..., mais comme la liste des malheureux est longue et qu'il n'y est pas indiqué la qualité des ayants droit, nous croyons bien que nos marins pêcheurs restent, comme d'habitude, un peu à l'écart des libéralités de l'État.

Il serait donc intéressant, non de voir le chiffre des secours accordés, mais la catégorie de marins qui en bénéficie.

Voilà tout ce que fait l'État : pension de 200 fr. après trois cents mois de navigation et divers secours.

Voyons maintenant plus loin; entrons dans le domaine de l'initiative privée.

A ce sujet, M. de Montfort constate que la charité privée est au-dessous de la tâche que la loi cruelle des évènements maritimes lui impose, et il cite les efforts de la Société de secours aux familles des marins français naufragés, la Société centrale de sauvetage, la Société des Hospitaliers Sauveteurs Bretons. Mais la charité n'est pas de la prévoyance ni de la prévention; il faut remplacer l'aumône par le droit, et c'est au Parlement à trancher la question envers l'armateur, en lui imposant une charge qu'il sera obligé de couvrir, de garantir ailleurs.

Mais où, ailleurs : auprès de l'État, à la Caisse des invalides, ou dans les Compagnies d'assurance contre les accidents?

M. de Montfort laisse de côté ces dernières; il signale seulement une combinaison spéciale et officielle dont voici, à grands traits, les points généraux : Le marin est militaire pendant trente années de son existence, mais il est soumis à la discipline militaire pendant toute sa vie. Comme compensation, l'État, par les soins de la Caisse des invalides de la marine, lui donne au bout de trois cents mois de navigation la pension que l'on sait; la loi lui donne le bénéfice du Code de commerce, qui couvre — imparfaitement — le risque professionnel, moyennant une assurance obligatoire qui consiste en un prélèvement de 5 centimes par franc établi par l'arrêté consulaire du 27 nivôse an IX; enfin, le budget extraordinaire lui alloue des secours dits d'urgence — 1,200,000 fr. environ portés annuellement au budget de la Caisse des invalides — et l'entretien à l'hospice de Rochefort pour douze veuves de marins et quarante orphelins.

C'est tout, et ce n'est pas suffisant; mais, ainsi constitué, cet ensemble a paru attrayant à M. de Montfort, qui trouve ainsi réunis les divers éléments devant établir l'œuvre qu'il entreprend de créer.

D'abord, l'honorable rapporteur voudrait voir étendre à tous les inscrits maritimes les dispositions du décret du 26 février 1857 et de l'instruction ministérielle du 27 juin 1887, relatifs aux accidents survenus aux marins de la flotte.

A ce sujet, M. de Montfort a étudié l'échelle des accidents, la gradation de leurs conséquences, et il indique les indemnités ou pensions qui leur sont applicables; il passe ensuite à la retraite de vieillesse et constate que les règlements de la marine ne prévoient pas de pensions pour les ascendants de marins morts en mer.

La statistique des accidents de mer, réclamée au Congrès de sauvetage de 1889, existe enfin, grâce à une circulaire ministérielle du 4 octobre 1890. Cette statistique comprend tous les accidents par évènements de mer, y compris les naufrages.

M. de Montfort signale cette statistique, ainsi que celle de la *Société de secours aux familles des marins français naufragés,* car elle lui permet d'établir qu'il faudrait à la Caisse des invalides, pour payer des annuités convenables, — capitalisées d'après le système autrichien, lequel semble avantageux, — 1,800,000 fr. par an.

Mais la Caisse est en déficit, elle a recours à une subvention, et le sacrifice qu'on lui demande est impossible. M. de Montfort répond que rien n'est impossible, et voici quelles sont les ressources qu'il entrevoit.

M. de Montfort a pensé qu'il était conforme aux règles de l'Inscription maritime de mettre la charge du risque professionnel au compte de l'armateur et au compte de l'État, qui dispose des inscrits maritimes jusqu'à l'âge de cinquante ans et ne verse rien à la Caisse des invalides des retenues faites sur les salaires des marins de la flotte.

M. de Montfort propose de fixer la part de l'armateur à 1 % des salaires, quoiqu'il trouve la cotisation élevée pour les petits patrons des chaloupes de pêche; mais il compte sur les subventions accordées aux pêcheurs par les Conseils généraux et municipaux pour en atténuer le sacrifice.

Cette cotisation de 1 % produira 600,000 fr. par an. D'autre part, la nouvelle réglementation rendra disponible environ un tiers des 1,180,000 fr. de secours annuellement répartis aux victimes des accidents de mer.

Il ne resterait plus donc à trouver que 800,000 fr., qu'on pourra facilement se procurer en adoptant quelques-unes des mesures étudiées par la Commission supérieure de l'établissement des invalides en vue de créer de nouvelles ressources pour la Caisse.

Ces mesures ont été réclamées avec instance dans les rapports de la Commission du budget des exercices 1889, 1890 et 1891; les voici :

1° Une taxe sur les navires ou bateaux affectés à la navigation de plaisance;

2° Une taxe sur les bateaux uniquement affectés à l'exploitation des propriétés et biens de toute nature accédant à la mer ou aux eaux comprises dans l'Inscription maritime et qui ne sont pas montés par un équipage permanent;

3° Une surtaxe spéciale sur les passagers;

4° La perception, sur les produits de sauvetage de provenance étrangère, d'une taxe égale à celle perçue en pareil cas par la nation à laquelle appartiennent le navire naufragé et les marchandises sauvetées.

En outre, si l'État consentait à verser à la Caisse la retenue de 3 % faite sur les salaires des inscrits embarqués sur les navires de l'État, et qui sert au payement des pensions militaires par le Trésor; si l'on inscrivait au budget de la Caisse des invalides de la marine le montant des redevances pour occupations temporaires sur le domaine public maritime que la loi du 20 décembre 1872 a indûment attribué au Trésor; si, enfin, on faisait état des gratifications de réformes et des secours payés par cette Caisse à la décharge du Trésor, on arriverait probablement à compléter la somme nécessaire.

Enfin, si l'on trouvait un mode de liquidation pour les 225 millions que la Caisse des invalides a versés en trop à la décharge du Trésor, pour payement des pensions militaires de la marine, et qui ont amené l'aliénation d'une partie des immeubles et des rentes sur l'État appartenant à cet établissement, le problème serait résolu.

Puissent ces excellentes pensées contenues dans la proposition de l'honorable député de Rouen n'être pas perdues pour la cause du marin pêcheur!

Signalons encore deux excellentes propositions de loi relatives aux marins. La première émane de M. le vice-amiral Lefèvre, ancien ministre de la marine, et de M. Burdeau, ancien ministre des finances. Cette proposition porte sur la concession des pensions proportionnelles aux quartiers-maîtres des équipages de la flotte réunissant quinze années de service et reconnus impropres à l'embarquement par suite des fatigues de la navigation.

La seconde est due à M. Gendre, l'honorable et très actif député de la Dordogne. Cette proposition se rattache à celle de M. de Montfort, car elle est relative à la création d'une retraite proportionnelle en faveur des inscrits maritimes ayant moins de vingt-cinq ans ou de trente ans de service accomplis. La proposition de M. Gendre détruit une grande injustice. Elle est humaine.

M. l'abbé Lemire, député d'Hazebrouck, que nous avons également l'honneur de posséder dans notre Comité d'organisation, appartient aux déshérités; ses pensées s'en vont aux misères humaines et, quoique représentant au Parlement d'un département terrien, son cœur n'a pas hésité : il s'est donné aux marins. Son désir est que les armateurs soient obligés d'assurer sur la vie ces rudes pêcheurs d'Islande que Pierre Loti a chantés; en outre, le député d'Hazebrouck voudrait qu'on remit en vigueur un règlement de 1839, tombé en désuétude, qui interdisait de prendre la mer, pour la pêche à la morue, avant le mois d'avril. Pour arriver les premiers dans les pêcheries, beaucoup de bâtiments bravent les terribles tempêtes d'équinoxe. Mais le côté original de la proposition de loi que compte déposer M. l'abbé Lemire est relatif à la côte appartenant aux pêcheurs.

L'honorable député d'Hazebrouck veut doter les marins qui font la petite pêche et le bornage, c'est-à-dire qui prennent le poisson en vue des côtes et qui rentrent chaque soir ou chaque semaine au port.

Ces matelots gagnent à peine de quoi vivre et ne peuvent payer une prime pour assurer leur vie; mais n'est-il pas possible de leur donner une part de ces terrains communaux comme il s'en rencontre, par exemple, à Gravelines, près du fort Philippe, ou de leur abandonner certaines terres rapportées peu à peu par la mer et qu'on pourrait protéger par une digue?

Cette digue ne coûterait pas plus cher qu'un hôpital, et chaque famille de marin serait chez elle, chaque pêcheur serait ainsi attaché à cette terre du littoral.

Telle est la pensée de M. l'abbé Lemire, pensée charitable et réalisable.

L'État n'aurait qu'à retenir un tant pour cent sur les primes qu'il accorde à la navigation et à la construction pour acquérir les terrains qu'il faudrait dans les pays non pourvus de biens communaux ni de terres rapportées.

En présence de la poussée d'opinion qui s'en allait vers le marin, le ministère qui, assurément, recherche les moyens de satisfaire le pays, s'émut, et M. le ministre de la marine adressait le 21 mai 1892 la letttre suivante à M. Émile Cacheux, notre si dévoué secrétaire général de l'OEuvre des Congrès de sauvetage :

« Monsieur, vous m'avez écrit le 28 avril dernier pour me demander com-
« munication des instructions que j'ai adressées aux autorités maritimes en
« vue de provoquer la création d'institutions de prévoyance à l'usage des
« marins.

« J'ai l'honneur de vous faire connaître que les instructions émises à cette
« intention par mon Département consistent dans des recommandations som-
« maires contenues dans diverses circulaires de mes prédécesseurs, desquelles
« je puis vous indiquer la substance.

« Une circulaire du 18 octobre 1861 signale aux autorités maritimes quelques
« institutions de bienfaisance destinées à exercer d'heureux résultats sur le
« bien-être et la moralité des populations maritimes. Ce sont : la *Société de*
« *secours mutuels de Notre-Dame de Bon-Secours,* à Dieppe, dont les fonds
« sont faits, en réalité, par les armateurs, au moyen du prélèvement de un
« quart pour cent sur le produit brut des pêches; — un *atelier,* établi à
« Dieppe également, en 1859, pour la confection et le ravaudage des filets, et
« qui ne reçoit que des filles ou des orphelines de marins; — la *Société de*
« *secours mutuels de Honfleur,* analogue à celle de Dieppe. En signalant ces
« institutions, M. de Chasseloup-Laubat, ministre de la marine, invitait les
« autorités maritimes à provoquer le développement d'institutions du même
« genre dans tous les quartiers où la population maritime offrirait les éléments
« nécessaires.

« Par une circulaire en date du 16 février 1870, M. l'amiral Rigault de
« Genouilly, ministre de la marine, réclamait le concours de divers corps de
« la marine en faveur de l'OEuvre de patronage des Sociétés de secours mu-
« tuels entre les anciens militaires des armées de terre et de mer, œuvre
« reconnue comme établissement d'utilité publique par un décret du 24 no-
« vembre 1869. Les marins du commerce y peuvent être compris en grande
« partie, puisqu'ils ont dû servir l'État.

« De plus, recevant de M. le ministre des affaires étrangères communication
« d'un rapport du consul de France à Liverpool sur un projet relatif à l'*Assu-*
« *rance sur la vie des Marins* en Angleterre, mon prédécesseur immédiat,
« M. Barbey, portait ce rapport à la connaissance des autorités maritimes le
« 4 novembre 1891.....

« Enfin, actuellement, j'ai confié au comité consultatif des pêches maritimes
« l'étude de l'organisation de Sociétés d'assurances mutuelles entre marins de

« toutes les catégories. Le comité, j'en ai été informé, a déjà réuni une quan-
« tité très considérable de renseignements sur le fonctionnement des institu-
« tions analogues existant à l'étranger. Le rapport qui va m'être adressé sans
« doute prochainement, et qui sera publié au *Journal Officiel*, constituera un
« document d'un très sérieux intérêt sur l'état de la question..... »

Tels étaient les termes en lesquels l'honorable ministre d'alors manifestait ses bonnes intentions à l'égard des marins. Et, en effet, le 2 juin 1892 paraissait un rapport de M. Berthoule, membre du Comité consultatif des pêches maritimes, dont le président était M. Gerville-Réache, député.

Ce qu'il faut dégager de l'œuvre de M. Berthoule sur le projet de constitution d'assurances mutuelles entre marins pêcheurs, c'est le côté pratique. Voyons.

La situation du marin, pleine de périls, avec le sublime des choses qui l'entourent, ont inspiré très heureusement l'auteur du rapport, qui expose nettement la condition sociale du marin et le rôle de la société à son égard : la charité et les ressources budgétaires sont aléatoires, insuffisantes d'ailleurs pour secourir tous les maux, toutes les misères; il faut qu'une orientation nouvelle intervienne pour la solution du problème. M. Berthoule l'a trouvée : c'est de demander aux marins d'être leurs premiers protecteurs.

Partant de ce principe, que le marin s'aidera d'abord, M. Berthoule invoque la mutualité comme la plus salutaire et la plus noble des institutions, et il étend à la garantie des personnes la proposition ministérielle primitive qui lui était soumise. Cette proposition ne comprenait que la garantie des instruments de travail, c'est-à-dire l'assurance du matériel de pêche.

Suivant l'habitude qu'ont maintenant les rapporteurs de faire l'historique des questions, ce qui permet d'embrasser rapidement l'ensemble du problème, M. Berthoule remonte au temps où les Barbares du culte d'Odin envahissaient les rivages de la Germanie, puis de la Gaule. L'association, alors, se nommait Ghildes, et elle nous venait de Scandinavie. Comme les Eramistes de la Grèce, les Sodalitates de Rome, les Jurandes de Constantin, les Ghildes se modifièrent avec le temps, mais toujours elles conservèrent leurs principes issus de la prévoyance; leur nom actuel est mutualité : Sociétés de secours mutuels, Caisses de retraites, Compagnies d'assurances.

M. Berthoule, en suivant son sujet, retrace la marche des associations et des lois de prévoyance en Europe. Il démontre que l'ouvrier des villes possède des lois, — lois d'assurance obligatoire des plus vicieuses selon nous — mais que le marin pêcheur reste en dehors de ces lois, et qu'il reste même à l'écart des huit mille Sociétés de secours mutuels qui traînent leur malheureuse existence en France.

M. Berthoule constate d'après ses documents combien la tâche d'instruire le marin est ingrate; les marins des quatre quartiers de Brest, Audierne, Morlaix, Oléron, Ile d'Yeu, Marseille, ceux de la Corse, ont refusé de répondre aux sollicitations des commissaires qui les incitaient à la prévoyance; à côté des exhortations les exemples abondaient. Ce sont, alors, les caisses de secours et d'assurances mutuelles de bateaux du littoral qui viennent au secours des pêcheurs aux temps d'épreuves.

Dire que ces Sociétés n'ont pas eu une influence heureuse çà et là serait méconnaître le milieu fertile en sentiments dans lequel elles évoluent ; mais en présence de ces exhortations des commissaires non comprises, de ces caisses de secours désertes, la mutualité — presque obligatoire — apparaît au rapporteur comme étant le seul moyen de trancher la question. Aussi évoque-t-il à l'appui de sa thèse les profondes pensées de nos illustres économistes sur le rôle des Sociétés de secours mutuels et de la mutualité dans l'humanité. L'honorable rapporteur invoque ensuite les rapports très concluants de MM. les amiraux Zédé, de Marquessac, de M. le commissaire général Decreux et de M. le commissaire général Le Beau. Les opinions de ces Messieurs sont unanimes : il faut obliger le marin à s'assurer. L'amiral Zédé semble, du reste, avoir été très écouté au ministère, car la circulaire qui doit établir l'assurance mutuelle, à la suite du rapport de M. Berthoule, est rédigée dans l'esprit de la note d'enquête remise par l'amiral au ministre de la marine le 8 juin 1891.

En présence de ces opinions et des faits acquis, le comité des pêches déclare, par la voie du rapport de M. Berthoule, que l'assurance obligatoire est la seule conclusion actuellement possible de la question.

M. Berthoule se rend compte de la gravité de sa proposition, car il soulève — avec talent — des arguments qui tendent à prouver que l'obligation à une chose est un droit de la force envers la faiblesse !...

La reconstitution de la Caisse des invalides de la marine est la conséquence d'un nouveau système de prévoyance envers les marins ; or, comme l'assurance obligatoire — apparente ou pas — semble être la solution désirée du problème, le rapporteur espère avoir, avec l'organisation de l'État, un ensemble assez ingénieux de prévoyance.

M. Berthoule nomme l'œuvre entreprise : institution à deux degrés.

1er degré. — Groupes locaux autonomes, c'est-à-dire associations conservant leur personnalité.

2e degré. — Conseil central supérieur, possédant avec l'exemption voulue la gestion d'un fonds spécial.

M. Berthoule a dû songer, en élaborant son plan, au centre commun de M. Collet, institution dont nous avons indiqué le système dans le chapitre relatif aux Compagnies d'assurances, avec cette différence que le centre commun, au lieu d'être d'essence libre due à l'initiative privée, sera entre les mains du ministère, c'est-à-dire de l'État. C'est aussi le système du Crédit agricole, d'après le projet Le Mir et Méline, avec cette différence toujours que la Banque centrale, au lieu d'être libre, sera le ministère ou l'État.

Mais poursuivons l'analyse.

Assurance du matériel de pêche. Cette assurance semble difficile à effectuer ; le rapporteur trouve qu'il y a défiance entre l'assureur et l'assuré. Pourtant cette assurance a existé, et la prime de 2 % a été demandée par une Compaguie anonyme à un bateau de pêche, du port de Boulogne, bateau avec ses agrès et affrété pour la manœuvre du chalut.

Le rapporteur entrevoit seulement l'assurance possible en mutualité, car le marin est alors assureur et assuré, ce qui laisse en dehors toute présomption de négligence.

A l'effet de cette création, M. Berthoule indique le sectionnement du littoral, afin d'établir un équilibre entre la matière assurable et l'indemnité correspondante. Il signale aussi quelques taxes ou primes imposées par certaines Sociétés de secours pour l'assurance totale du bateau ; puis il établit un projet d'assurance basé sur un chiffre approximatif de taxe et de prime d'après le nombre de bateaux recensés en 1890, sur diverses rentrées en dehors de la cotisation, et il trouve ainsi un moyen de faire face aux sinistres. Dans le contrat, M. Berthoule apporte certaines pénalités en cas de faute lourde de la part de l'assuré.

L'assurance du matériel de pêche est la première étape du rapporteur. La seconde est l'assurance de la vie des personnes contre les accidents de mer.

Ici, M. Berthoule écarte l'horizon de la mutualité ; il voit le spectacle des 90,000 inscrits en une Association obligatoire puissante, dirigée par l'État.

Incontestablement, l'idée de M. le rapporteur n'est pas neuve : son maître, celui dont il suit les hautes pensées, est M. Ricard. Malheureusement, tout en confessant le grand attrait que présente *l'obligation* au point de vue de l'administration, nous sommes obligé de reconnaître que le mouvement contraire se manifeste actuellement dans des milieux où la réflexion et le bon sens n'attendent pas les leçons toujours onéreuses de l'expérience.

En Italie, en Allemagne, en Autriche, en Suisse, on s'aperçoit que l'assurance obligatoire par l'État est une faute lourde, et l'on songe positivement à battre en retraite d'une façon honorable.

M. Berthoule, s'appuyant donc sur le principe de l'obligation, détermine les règles qui devront régir l'institution dont il rêve la réalisation, et c'est avec un nombre infini de considérations et d'exemples de lois étrangères et de Sociétés de secours françaises qu'il conclut à l'assurance mutuelle obligatoire pour tous les inscrits dès l'âge de dix ans. La cotisation sera variable, sans droit d'entrée.

Quoique ne professant pas la même opinion que l'honorable rapporteur sur le rôle que l'État doit tenir dans la société, nous considérons ce rapport sur la constitution d'assurances mutuelles comme une œuvre de haute portée, destinée à servir grandement la cause du marin, quelle que soit son application et d'où qu'elle se produise.

Ce rapport semblait, à son tour, devoir être oublié, lorsque, en 1893, au mois d'avril, M. Ménard-Dorian, député, ancien rapporteur du budget de la marine, prévint M. le ministre Ricunier qu'il lui adresserait une question afin de savoir quels étaient les résultats de la mission autrefois confiée à M. le capitaine de vaisseau Bienaymé, dans le but d'amener les armateurs à organiser l'assurance sur la vie de leurs équipages.

La question de M. Ménard-Dorian était la suivante :

1° Les armateurs ont-ils accédé volontairement au désir du ministre?

2° Existe-t-il, en cas de négative, quelque moyen légal de leur imposer cette mesure humanitaire, dont l'urgence ne saurait être contestée?

3° En admettant que, dans l'état actuel de la législation, nul moyen n'existe, le gouvernement est-il disposé à soumettre au Parlement un projet de loi spécial?

Nous ne savons pas la réponse que fit M. le ministre à M. Ménard-Dorian, mais nous avons lu quelque part cette petite note, qui semble avoir donné satisfaction à l'honorable député :

« Le dernier commandant de la station d'Islande, le capitaine Bienaymé, vient d'obtenir des armateurs de Saint-Brieuc, Binic et Paimpol, de contribuer, pour une part égale à celle que verseront les pêcheurs, à la constitution des caisses de secours. Antérieurement, ils ne payaient à ces caisses qu'une somme de 50 fr. par goélette, et seulement au premier armement. Désormais, les secours, qui n'étaient que d'une centaine de francs, seront quintuplés pour les familles qui viendraient à perdre leur soutien. Donc, accroissement des secours en cas de sinistre, tel est, dès à présent, le résultat de la généreuse campagne entreprise par le commandant Bienaymé sous l'inspiration du ministre de la marine. »

Les circulaires ministérielles, qui sont la conséquence du rapport de M. Berthoule, paraissent enfin.

La première, datée de fin avril 1893, était adressée aux commissaires et autorités maritimes de France. Son but était d'appeler leur attention sur l'intérêt qui existe actuellement de voir se développer sur le littoral le nombre des institutions de prévoyance à l'usage des marins; associations privées qui, tantôt sous la forme de caisses de secours, de caisses de retraite, tantôt sous celle de caisses d'assurance sur la vie, de caisses de prêts ou avances aux marins pêcheurs, ont pour but d'appliquer les idées de prévoyance et d'assistance mutuelle parmi les populations maritimes.

Une seconde circulaire suivait à la date du 26 août. Le ministre s'y félicitait du mouvement commencé et des premiers résultats acquis; il y marquait son désir que les marins s'assurent d'eux-mêmes, et, comme moyen d'arriver à ce but, voici ce qu'il proposait :

Dans les localités où existeront des Sociétés constituées en vue de l'assurance du matériel de pêche, lorsqu'il y aura lieu d'établir des propositions d'indemnités, les commissaires devront mettre en première ligne ceux qui en feront partie. Les indemnités qui seront accordées pour ces derniers seront payées à la caisse de l'Association. L'exclusion *relative* des non participants aura pour résultat d'exercer une pression sur les négligents, les imprévoyants ou les hésitants, et de les inciter à suivre l'exemple de leurs camarades.

Il est nécessaire, en effet, de ne pas laisser ignorer aux pêcheurs que l'inscription au budget de la marine de crédits pour la *reconstitution du matériel* n'implique pas, pour eux, un droit absolu de recevoir, partout et toujours, une indemnité pécuniaire. Or, comme le département est libre de refuser ou d'accorder les indemnités pour la reconstitution du matériel, cela peut amener à penser que les marins qui resteront en dehors des associations pourront être tenus à l'écart des libéralités gouvernementales.

Il ne faut pas se tromper sur le fond de cette circulaire : le plan Berthoule n'est pas suivi au mot, mais l'assurance obligatoire est déclarée de fait, puisque M. le ministre impose l'assurance du matériel de pêche et, implicitement, celle de la vie du marin en même temps, puisqu'il écarte du bénéfice de l'indemnité, en cas de perte de matériel, ceux qui restent en dehors d'une Société de prévoyance maritime.

Entre temps, le groupe de la navigation et des pêches, qui compte actuellement cinquante-neuf adhérents, a été saisi des propositions suivantes : Vente des poissons aux Halles centrales de Paris (M. de Kergariou); brevet des maîtres de pêche (M. Guieysse); les prud'hommes et la pêche côtière de la Méditerranée (M. Rouge); la surveillance et l'inspection des pêches (M. de Casabianca); le renouvellement des conventions postales et le personnel des inscrits maritimes; les armements et commandements du grand et du petit cabotage; date de départ pour la pêche d'Islande (M. le général Jung).

L'idée des colonies de pêcheurs en Algérie remonte à 1890; elle est due à M. Bouchon-Brandely, le regretté inspecteur général des pêches maritimes, et à M. Berthoule, secrétaire général de la Société générale d'Acclimatation, et auteur du rapport dont nous venons d'exposer les grandes lignes.

Ces Messieurs soumettaient au mois d'août 1890, à M. le ministre de la marine, un important rapport sur les pêches en Algérie et en Tunisie. Ce document se terminait par une série de vœux, parmi lesquels se trouvaient les deux suivants :

Inciter les pêcheurs du littoral français, trop nombreux peut-être dans nos ports, à aller s'établir sur les côtes africaines, et les mettre à même, en facilitant leur émigration et leur installation, par des primes ou par tout autre mode d'encouragement, de disputer avantageusement à leurs rivaux d'outre-Méditerranée une part des bénéfices que ceux-ci, étrangers pour la plupart, trouvent très aisément dans l'exercice d'une profession lucrative à laquelle ils ne sauront faire accomplir aucun progrès.

Provoquer sur nos côtes méditerranéennes de l'Afrique la fondation d'industries maritimes agricoles pour l'élevage et la culture du poisson, de l'huître, de la moule et autres coquillages comestibles, comme les clovisses, les praires, etc., puis de l'éponge, du corail, et particulièrement de l'huître perlière.

Quant à la création d'usines pour la préparation des poissons en conserve, il est à peine besoin d'insister pour éveiller l'attention de ceux de nos manufacturiers que cela concerne, et dont quelques-uns sont allés chercher en des pays voisins des ressources qui se trouvent en très grande abondance dans nos possessions barbaresques.

Cette large idée aurait donc un nouveau débouché, peut-être la fortune!

Malheureusement, un récent rapport de M. Roché, successeur de M. Bouchon-Brandely à l'inspection principale des pêches maritimes, présente comme un insuccès les tentatives faites en vue de colonisation de pêcheurs français en Algérie.

M. Roché s'explique franchement; il ne laisse rien ignorer de son enquête. Il constate que le mouvement d'immigration, commencé en 1891 par quelques marins de Lannion, a été poussé très activement au mois de décembre de la même année et au commencement de 1892. Huit ou neuf pêcheurs français se rendirent en Algérie au milieu de 1891, puis trois convois de onze hommes partirent : en décembre 1891, en janvier et en février 1892; quelques individus s'y rendirent isolément, postérieurement à cette date.

Au 1er janvier 1893, sur les quarante-quatre hommes venus de Bretagne, il n'en restait plus que vingt-huit. Dès le mois de mars, tous ceux qui avaient continué à demander à la pêche les ressources nécessaires à l'existence (car sept ou huit avaient pris du travail dans des industries n'ayant rien de maritime), suppliaient avec instance qu'on les rapatriât. Il est vrai qu'une véritable malechance avait contribué tout particulièrement à éprouver ces braves gens. La sardine, d'ordinaire si fréquente dans les eaux algériennes, était devenue rare. En sorte que les produits de la pêche ont été aussi minimes que possible.

A Oran, à Alger, à Bône ont été s'installer, à diverses reprises, des pêcheurs provençaux : ils n'y ont fait que de très courts séjours.

A Bône se sont établis en 1893 deux marins de Boulogne, deux frères, tous deux mariés et dont l'un est père de quatre enfants. Ayant reçu chacun 200 fr. du gouvernement général, ils réunirent leurs allocations, achetèrent un bateau, des palangres, embarquèrent avec eux un homme du pays et se mirent courageusement à l'ouvrage. Mais l'ignorance de la langue, le maniement d'une embarcation d'un type nouveau pour eux, leur défaut de connaissance des fonds de pêche et des conditions de la navigation, leur suscitèrent de telles difficultés qu'ils durent renoncer à pratiquer le métier de pêcheur. Ils se trouvèrent réduits à la plus extrême misère et forcés de chercher un emploi.

Actuellement une autre tentative de colonisation française de la côte algérienne est en voie d'exécution. Elle consiste dans la création de plusieurs villages de pêcheurs. Près d'Alger, deux de ces villages viennent d'être fondés. L'un, le village Jean-Bart, est presque entièrement construit; l'autre, le village Suffren, n'est qu'à l'état de projet.

Dans le département d'Oran, il est question aussi de construire un village au cap Falcon, et l'on a songé à en fonder un autre dans le golfe de Bougie.

Les conclusions de M. Roché sont attristantes : il ne croit pas que l'administration doive, à l'heure actuelle, préconiser l'envoi de pêcheurs français sur la côte d'Afrique, et son avis est que, pour le moment, le département de la marine doit éviter d'intervenir directement pour provoquer l'allée en Algérie de pêcheurs métropolitains.

Telle n'est pourtant pas l'opinion de M. Gerville-Réache, le député, président du comité des pêches. Il s'en explique ainsi dans une étude au bas de laquelle se trouve sa signature :

« Les eaux algériennes sont très poissonneuses, mais elles se divisent en deux groupes : celles qui avoisinent de grands centres de population et celles qui en sont éloignées. Dans les villes importantes, si tout le poisson pêché n'est pas industriellement utilisé, du moins trouve-t-il un écoulement relativement facile. Sur les côtes éloignées des centres, la pêche, fût-elle abondante, ne serait rémunératrice qu'à la condition d'être industriellement utilisée. Il importe donc que la colonisation soit double dans ces régions et comprenne, aussi bien que l'introduction des pêcheurs, la création d'usines pour conserver, pour saler le poisson, ou encore pour l'exporter rapidement et sans danger de détérioration de la marchandise.

« Si les tentatives de colonisation faites jusqu'ici n'ont pas donné de résultats satisfaisants, ce n'est ni la faute de l'administration, ni celle du gouvernement général. La grande coupable, c'est la timidité des capitaux français, toujours trop peu empressés quand il s'agit de mettre en valeur les richesses des colonies françaises. Il n'est pas douteux que si des établissements pour conserver, saler ou exporter le poisson, se fondaient en Algérie, les pêcheurs français trouveraient plus largement leur vie sur les côtes algériennes que sur les côtes métropolitaines. »

Mais, en dehors du concours des capitalistes, M. Gerville-Réache fait des vœux pour que des pêcheurs français s'efforcent de plus en plus de prendre la place des pêcheurs étrangers si nombreux qui exploitent encore les riches frayères des eaux algériennes et tunisiennes.

Et puis, l'Afrique, cette terre de l'avenir, n'est-elle pas riche en poissons? Pourquoi toujours s'en aller vers le pâle soleil d'Islande, vers cette mer de plomb aux si inhumaines colères? Pourquoi voguer vers les brouillards de Terre-Neuve, où les collisions vous guettent? N'est-il pas, si nous nous en référons à une circulaire officielle adressée en 1886, par M. le ministre de la marine, à tous les armateurs syndics d'arrondissements maritimes, un ciel heureux où les eaux sont chaudes, où la pêche est abondante, en morues surtout? Ce lieu privilégié de la mer se trouve situé entre le Sénégal et le Maroc, vers le banc d'Arguin.

D'ailleurs, les chroniques sont d'accord pour énumérer les avantages de ces eaux miraculeuses. Ainsi, dès 1444 les Portugais avaient installé des pêcheries dont le centre était l'île d'Arguin : « Le golfe est comme un étang toujours plein de poissons, dont on ne saurait diminuer la quantité, quelque soin qu'on en prenne. » En 1819, M. Sabin Berthelot, le savant ichthyologiste qui fut longtemps consul de France à Ténériffe, déclarait que, pour 200 poissons que prend un pêcheur de Terre-Neuve, un pêcheur des îles Canaries en prend 5,357, c'est-à-dire *près de vingt-sept fois davantage*. Dans un rapport adressé à son gouvernement en 1876, le consul anglais des Canaries affirmait encore que la quantité de morues prises actuellement par les pêcheurs canaristes peut être évaluée à 6,000 ou 8,000 tonnes, et que la qualité n'en est pas inférieure à celle des morues de Terre-Neuve. Dans son livre *Les trois Caps*, publié en 1877, l'amiral Réveillère tenait encore à peu près le même langage...

Et puis, écrit un Malouin, qui voile son nom bien connu sous le pseudonyme de Raoul Lucet : La morue pullule sur cette côte, qui est absolument française, le traité de Versailles (3 septembre 1793) ayant fixé au cap Blanc la limite septentrionale de nos possessions en Sénégambie, et la convention franco-espagnole de 1887 ayant, grâce à l'énergie de l'amiral O'Neill, définitivement confirmé cette délimitation. Rien à craindre, par conséquent, en fait de complications internationales. Rien à craindre non plus en fait de collisions et d'abordages, car les grands paquebots à vapeur qui vont à Dakar ou qui en reviennent passent à quinze lieues au large. Et les conditions nautiques des pêcheries à créer là-bas sont effectivement aussi favorables qu'on peut *à priori* le supposer.

Un essai a été fait; malheureusement, il n'a pas réussi; mais il convient d'ajouter qu'il a été dû à des défectuosités dans la préparation du poisson, ce qui avait occasionné une mévente ruineuse.

Vers 1880, il s'était formé à Marseille une Société dite la « Marée des deux mondes, » en vue d'exploiter la pêche dans ces parages. Un trois-mâts, l'*Ille-et-Vilaine*, commandé par le capitaine Dumont, de Saint-Malo, un *gas* énergique et marin fini, fut expédié là-bas avec une centaine de pêcheurs bretons. Dès la première campagne (1881-1882) on prit en six mois 400,000 kilogr. de poissons magnifiques. N'est-ce pas concluant?.....

Les hôtels de marins. — En janvier 1893, la Chambre a voté un art. 12 de la loi sur la marine marchande qui a causé une certaine perturbation dans le camp de ce qu'on appelle « les requins de mer, » ou les logeurs et cabaretiers de marins.

Cet article, dont on doit le texte à M. Siegfried, alors ministre, tend, en effet, à ce que des subventions soient accordées aux Chambres de commerce ou autres établissements d'utilité publique qui voudraient créer des hôtels de marins.

Malheureusement, nous ne possédons que trois établissements de ce genre : un à Dunkerque, un autre au Havre, et le troisième à Marseille. Ces établissements sont dus à l'initiative anglaise. Moyennant une somme très minime, écrivait dernièrement le *Petit Journal*, on y loge le matelot, on l'y nourrit, on l'y soigne même s'il est malade. Il peut y prendre des bains, y acheter des vêtements, etc. Pour se distraire, une grande salle lui est ouverte, dans laquelle on fait des cours, et où il peut assister parfois à des bals, à des concerts, à des représentations théâtrales. Chaque hôtel a sa bibliothèque, sa salle de lecture et de correspondance, son bureau de placement et sa banque, où le marin économe peut placer ses économies, s'il ne préfère pas les faire parvenir à sa famille par ce canal.

Nous avons, dans les pages précédentes de ce rapport, signalé combien était grande la sollicitude de M. Félix Faure, que de hautes destinées viennent de placer à la tête du département de la marine. Eh bien! M. Félix Faure, ministre de la marine, se souvient des promesses du député du Havre.

En effet, un des premiers actes de M. Félix Faure, dès son arrivée au ministère, a été de songer aux marins pêcheurs, en déposant sur le bureau de la Chambre trois projets de loi, dont deux intéressent particulièrement le bien-être de la population maritime.

Le premier, sur le permis de navigation maritime et sur l'évaluation des services donnant droit à la pension dite demi-solde;

Le deuxième, sur l'Inscription maritime.

Dans le premier projet, M. le ministre indique que le rôle d'équipage, rendu obligatoire par la loi de 1852 pour tous les bâtiments ou embarcations exerçant une navigation maritime, ne sera pas délivré aux bâtiments ou embarcations employés soit à une navigation d'agrément, soit à l'exploitation de parcelles concédées sur le domaine public maritime ou de propriétés agricoles ou industrielles riveraines dudit domaine.

Pour la navigation d'agrément, il sera délivré par le chef du service de l'Inscription maritime un permis de navigation de plaisance qui sera obligatoire et d'une durée de un an. Ce permis comportera, pour le titulaire, la faculté de pêcher accidentellement et à titre de passe-temps avec deux lignes armées de deux hameçons.

Les porteurs de permis de navigation de plaisance qui verseront à la Caisse des invalides de la marine une prestation de 1 fr. par tonneau, prestation dont le montant ne peut être inférieur à 50 fr. ni supérieur à 500, auront le droit de pratiquer, accidentellement et à titre de passe-temps, la pêche avec filet ou autres engins non prohibés.

Mais ils demeureront, dans tous les cas, soumis aux lois et règlements sur la pêche, et il leur sera interdit de vendre le produit de leur pêche.

Cette réglementation du droit de pêche et de bateau d'agrément est, en effet, bien désirée par le marin côtier.

Ce qu'on fait à l'étranger. — Comme nous devons nos documents à notre propre initiative, il se produira sûrement quelques lacunes dans notre historique sur l'étranger; mais nous ne nous en inquiétons pas autrement, car les Français possèdent assez d'éléments, de concours, d'intelligence, d'initiative, pour être personnels dans leurs actes sociaux.

Il est de notre devoir cependant de signaler que le mouvement en faveur de l'association du marin pêcheur à l'étranger est plus avancé que le nôtre vers une solution satisfaisante.

A Hambourg, Loffoden, Ostende, en Angleterre, en Amérique, il existe des Caisses de secours constituées sur le même type que les nôtres, mais donnant, paraît-il, plus de résultats.

La Chambre de commerce espagnole a conçu le projet d'une Société ou Compagnie devant assurer les marins contre les accidents ou maladies qui entraînent la mort ou l'incapacité de travail. Pour la formation des capitaux, on propose aux armateurs de verser 1 % sur le montant total des salaires des marins.

En Allemagne, le marin est compris dans la loi du risque d'accidents.

Cette année, le gouvernement norvégien a nommé une Commission pour étudier l'assurance des marins contre les accidents, la maladie et la vieillesse.

Le comité exécutif de la fédération des marins à Londres a élaboré un projet d'assurance coopérative pour les hommes de mer qui a dû entrer en vigueur le 1er janvier dernier. Cette assurance comporte aussi bien la mort que les accidents ou l'incapacité de travail.

Voici, du reste, un document précieux adressé par le consulat de France à Liverpool à M. le ministre de la marine de la République française, sous le titre de : Rapport sur la fédération des armateurs et l'assurance de la vie des marins :

« La « Shipping fédération » de Londres, association composée d'armateurs du Royaume-Uni, jetait, il y a quelques mois, dit ce rapport, les bases d'un vaste projet relatif à l'assurance de la vie des marins. Il s'agissait de constituer un fonds annuel sur lequel seraient prélevées des indemnités que l'association conférerait, soit aux familles des hommes ayant péri en mer, soit aux matelots que leurs blessures mettraient dans l'impossibilité de reprendre à jamais du service ; soit, enfin, à ceux dont des accidents auraient momentanément, et pour une période plus ou moins longue, interrompu la carrière. Au préalable, et avant d'entrer dans une discussion approfondie des détails du plan qu'on avait en vue, on a cru devoir consulter les principaux centres maritimes anglais sur le principe même du problème social qu'on voulait résoudre. De toutes parts les idées du comité ont rencontré une approbation chaleureuse. La loi, a-t-on fait valoir, ne protège pas suffisamment l'armateur ; il est à peu près sans défense contre les grèves et les désertions ; c'est donc à lui qu'il appartient de surveiller ses intérêts, non pas au moyen de vaines représailles, mais à l'aide d'un système qui sauvegardera la propriété des possesseurs de bâtiments, tout en accordant au personnel navigant d'inappréciables avantages.

« Le principe une fois admis et approuvé, on a passé à l'étude et à l'élaboration du projet. Bientôt le comité exécutif de la « Shipping fédération » a fait connaître le résultat de ses travaux ; et il a semblé à tout le monde que ses propositions étaient à la fois ingénieuses et philanthropiques.

« En voici le résumé :

« En cas de mort ou d'accident entraînant incapacité totale de servir, et survenus à bord d'un navire de la « Shipping fédération, » le fonds d'assurance de l'association versera aux héritiers du défunt dans le premier cas, à l'homme lui-même dans le second, des sommes dont l'importance sera calculée suivant les fonctions qu'exerçait à bord le marin décédé ou blessé. L'allocation s'élèvera, pour les capitaines, à 100 livres sterling ; pour le second, le mécanicien en chef, le médecin et le commissaire, à 75 livres ; à 50 pour le deuxième officier et le deuxième mécanicien ; à 40 pour tout autre officier pourvu de son brevet; elle sera de 35 pour les maîtres et les marins occupant une situation supérieure à celle de matelot ou de chauffeur; enfin, les autres membres de l'équipage auront droit, pour eux ou pour leurs familles, à une indemnité de 25 livres sterling.

« En cas d'accident simple, les six catégories de navigateurs énumérées ci-dessus recevront, pour une période qui n'excédera pas le terme de treize semaines et à condition que, pendant ce laps de temps, ils n'aient ni travail ni salaires : les capitaines, par semaine, 40 schellings; les seconds, mécaniciens en chef, médecins et commissaires, 30; le deuxième officier et le deuxième mécanicien, 20; les officiers pourvus d'un brevet, 16; les maîtres et marins au-dessus du grade de matelot et de chauffeur, 14; enfin, le reste de l'équipage, une assistance hebdomadaire de 10 schellings. De plus, les hommes dont il s'agit auront la faculté d'opter pour une combinaison mixte, en vertu de laquelle l'indemnité en capital leur sera assurée dans les deux cas : mort et incapacité totale d'une part, simple accident de l'autre; mais alors ils n'auront droit, dans l'une ou l'autre de ces éventualités, qu'à la moitié des primes sus-énoncées.

« Il suffira, pour participer à tous ces avantages, qu'un marin ait navigué pendant six mois sur les bâtiments de la fédération. A l'expiration de cette période, il recevra un certificat (fédération ticket) qui ne lui coûtera que la somme de 1 schelling, prix du parchemin. Il demeure, en outre, entendu que l'événement qui aura entraîné la mort ou les blessures ne donnera recours à la victime contre la Compagnie que s'il s'est passé à bord d'un de ses navires et à l'occasion du service. En cas de mort, l'argent ne sera payé qu'à la personne que le titulaire du certificat aura, sur le document dont il sera porteur, préala-blement désignée. On s'explique aisément les motifs de cette clause : l'association veut éviter que ses polices ne soient l'objet d'un trafic et ne tombent dans des mains suspectes, au préjudice de ceux-là mêmes à qui elles doivent natu-rellement profiter.

« Tous les ans, ou le plus tôt possible après la fin d'une année, le certificat devra être renouvelé. Il sera purement et simplement annulé en cas de muti-nerie et de désertion, ou si le bénéficiaire ne rallie pas le bord après avoir reçu des avances; les effets n'en seront que suspendus au détriment des marins qui auront manqué le départ, désobéi à leurs supérieurs, ou se seront rendus coupables de négligences, étant en service, à la mer.

« On a calculé que les libéralités qui précèdent coûteront à la Fédération des armateurs environ 500,000 fr. par an, somme relativement faible si l'on considère que la flotte de cette puissante Association représente à elle seule un capital de deux milliards et demi. Au surplus, en proposant à l'adoption du monde maritime anglais le plan dont nous avons donné la contexture et qui doit entrer en vigueur le 1er janvier prochain, la Société en question ne se pique pas d'avoir été guidée par des considérations humanitaires. C'est une affaire qu'elle entreprend, pas autre chose, et l'on se flatte qu'elle sera fruc-tueuse. Elle fortifiera, on l'espère du moins, la cause sacrée de la liberté du travail; elle contribuera à établir l'harmonie et la concorde entre capitaines et matelots, à créer une forte école de marins, et, par là, à diminuer les chances de grèves et de conflits. Si ces prévisions étaient déçues, la Fédération des armateurs reprendrait sa liberté; le capital qu'elle s'apprête à constituer serait dissous au bout d'une année et ferait retour à ses possesseurs.

« Quel que soit l'avenir réservé à cette entreprise, il est permis de l'envisager comme l'une des plus pratiques et des plus intéressantes de notre époque. L'État n'y est pour rien, bien entendu, et si elle réussit, c'est uniquement à l'initiative privée, si hardie en Angleterre, que reviendra le mérite de l'avoir tentée!..... »

M. Jules de Cuverville, de son côté, nous montre l'Angleterre sous un autre aspect, sous l'aspect philanthropique, en nous révélant l'existence de Sociétés dues aux missions protestantes. Les protecteurs en sont puissants : ils se nomment la reine d'Angleterre, les empereurs de Russie et d'Allemagne, et avec de tels parrains les Sociétés prospèrent. Leur but est de réagir contre le vice et la débauche inhérents à la vie maritime, de compenser l'isolement de la famille par des missions disséminées dans les grands centres de pêches, et de remplacer le foyer domestique. Ces missions suivent le marin : elles possèdent des revues, des cercles, des chapelains. Elles offrent au matelot, dès son débarquement, le logement, la nourriture, le chauffage, moyennant la modique somme de trois francs par jour..., les éloignant ainsi de ces masures borgnes qui engouffrent l'argent et les mœurs. De petits bateaux circulent dans les rades, visitant les caboteurs, garnissant les chambres de bibliothèques choisies que l'on échange au retour, apportant la bonne parole et les secours religieux. Ces pauvres gens, paraît-il, accourent en foule vers celui qui les soulage, trouvant dans cet aide plein de cœur du courage pour supporter l'absence.

L'ivrognerie est combattue par le *pledge,* sorte de parole donnée, soit pour un temps, soit pour la vie, de ne plus boire de spiritueux. Cet appel fait à la conscience donne des résultats curieux. Une seule Société a réuni pour 1893 près de 8,000 de ces serments. D'autres missions, telle que *Mission to deep sea Fishermen,* s'occupent des flottilles qui vont au loin. Leurs bateaux les accompagnent, portant médecins, ministres et gens de bienfaisance; avec les consolations de chaque jour, ils apportent les secours matériels, des vêtements, du tabac, etc., à des prix très infimes. En 1892, cette même Société visita 583,787 pêcheurs. Et plus tard, après avoir suivi le marin dans sa vie mouvementée, lui avoir procuré des embarquements, avoir défendu près des tribunaux les faibles que les exactions des capitaines font souffrir, ces Sociétés soulagent encore l'invalide et procurent à la famille une petite pension qui la sauvera de la ruine.

Mais les pouvoirs publics anglais laissent égarer la question, si grave pour l'Angleterre, et ils discutent sur le point de savoir s'il ne serait pas utile de créer un fonds national d'assurance pour les hommes du service naval.

Le projet ne comprend ni les pêcheurs ni les marins marchands.

Pour cette assurance, les fonds seraient fournis de divers côtés; l'État ne s'engagerait qu'à une certaine garantie ou subvention, et les intéressés eux-mêmes devraient participer dans les versements annuels pour un *quantum* à déterminer.

La presse, en Angleterre, n'est pas tendre pour ce projet, et *The Insurance Record*, notamment, se prononce, avec des raisons indiscutables, contre la création d'une organisation d'État en faveur des marins. Ce journal déclare que rien ne vaudra jamais l'union des efforts volontaires — en vue de l'épargne et de la prévoyance — avec les combinaisons de l'assurance populaire habilement pratiquées par les Compagnies spéciales.

En un mot, conclut *Insurance Record*, dans cette question comme dans bien d'autres, la liberté vaudra toujours mieux que l'obligation, même avec des subsides automatiquement votés par la Chambre des Communes, même avec la livrée aux brillantes couleurs de l'administration officielle.

Ne quittons pas l'Angleterre sans signaler les travaux d'une Commission qui a été instituée pour étudier les conditions du travail en général dans le Royaume-Uni.

Après avoir siégé pendant trois ans, interrogé 583 témoins, publié un grand nombre de *livres bleus* contenant des rapports et des documents concernant le travail dans tout le monde civilisé, cette Commission vient enfin d'aboutir à un double rapport, l'un représentant l'opinion de la majorité, l'autre représentant l'opinion de la minorité.

La majorité recommande, entre autres choses, qu'il soit apporté des modifications dans les lois relatives aux marins, de manière à pouvoir donner une allocation mensuelle à leurs femmes pendant qu'ils sont en mer.

Comme en France, au-delà du détroit la question du marin pêcheur ne laisse pas les cœurs charitables indifférents. Signalons donc l'apparition d'un questionnaire fort complet sur le sauvetage en mer, les incendies sur les bateaux de pêche, les maladies, l'hygiène, enfin sur l'éducation technique des gens de pêche, adressé aux chefs de stations par un philanthrope très estimé, M. J. Lawrence Hamilton, de Brighton.

M. Lawrence Hamilton s'est entouré de documents qui prouvent que le poids du vêtement du pêcheur influe beaucoup sur sa destinée lorsqu'il est assailli en mer par un orage ou bien qu'il échoue à la suite d'un naufrage.

En Angleterre, on possède également les *Sailors-House*, ou hôtels des marins, dus à l'initiative privée : c'est une association d'officiers de marine qui a créé de ses deniers le refuge de Londres; lord Bute a fondé celui de Cardiff, et une grande société d'armateurs celui de Liverpool, etc. Tout le monde, en un mot, a participé à la fondation de ces maisons hospitalières, dont quelques-unes sont des palais. Quant à leurs parrains et à leurs patrons, ce sont les personnalités les plus éminentes de la nation anglaise : la reine, les princes, des lords, des membres du Parlement, des évêques.

Le premier hôtel des marins a été fondé à Londres en 1835. Aujourd'hui, pas de port anglais un peu important qui n'ait le sien. Nous en comptons cinquante-trois dans tout le Royaume-Uni, onze dans les colonies, dix dans les ports étrangers.

Nous devons à la gracieuseté d'un ami de la France en Belgique, attaché à cet établissement si libéral, si éminemment dirigé, qu'on nomme la Caisse d'épargne et de retraites, quelques documents relatifs à la situation des marins sur le littoral belge.

Aux termes de la loi du 21 juillet 1844 sur les pensions civiles et ecclésiastiques, les marins sont divisés en deux catégories : les uns, patrons, matelots, mousses, sont compris dans le ministère des finances et classés dans la douane; les autres, pilotes et marins, sont classés dans le ministère de la marine.

Cette loi organique de la Caisse des Veuves et Orphelins a naturellement suivi l'évolution du temps et a été modifiée à diverses époques, notamment en 1867, où il est institué une Caisse générale de pensions et de secours pour les pilotes, leurs veuves, leurs orphelins.

Sont compris dans cette Caisse les divers agents appartenant aux services actifs du pilotage, des phares, fanaux et secours maritimes.

Les recettes de la Caisse se composent : 1° d'une retenue de 2 % sur tous les traitements fixes et les suppléments; 2° de la retenue de 2 % sur la totalité du droit de pilotage.

Les pensions, lorsque le marin est mort par suite de naufrage ou d'accident, sont payées au maximum de 150 fr. aux veuves et orphelins de patrons, contre-maîtres et rameurs de secours maritimes.

Autrement, en cas de vie, elles sont acquises lorsque les marins ont cinquante-cinq ans d'âge et vingt-cinq années de service.

Pour ce qui est des secours, le marin blessé dans l'exercice de ses fonctions en reçoit aussi longtemps qu'il ne peut reprendre son service. En cas de maladie, le secours n'a qu'une durée déterminée. Sur l'avis du conseil de la Caisse, le ministre peut même accorder un secours temporaire au marin pensionné qui se trouve dans une position malheureuse par suite de maladie ou pour toute autre cause indépendante de sa volonté.

Il en est de même pour les veuves et orphelins, et il peut être accordé des secours aux marins du service de sauvetage qui se trouveront hors d'état de remplir leurs fonctions.

Un arrêté du 31 décembre 1870 a élevé les retenues sur les traitements payés et les remises à 4 %, et cet arrêté royal attribue également à la Caisse les retenues pour congés, absences ou punitions disciplinaires.

Enfin, un nouvel art. 7 est bienveillant, car il autorise, sous certaines conditions, le marin démissionnaire ou révoqué à conserver à sa femme des droits à une pension.

En Belgique également, la *Société royale et centrale des Sauveteurs de Belgique* a été fondée en 1887, sous le haut patronage du roi Léopold II. Elle a pour président le lieutenant-général Maréchal et pour vice-président M. Buls, bourgmestre de Bruxelles. Cette Société possède une caisse permanente de secours pour les travailleurs victimes d'accidents; les marins sont compris dans le terme général des travailleurs. Le but de cette caisse est d'assurer des secours temporaires aux sauveteurs, marins et autres, en cas de maladies, blessures ou infirmités, et aux veuves et orphelins des ayants droit. Suivant le cas, les indemnités varient de 1 fr. 50 à 2 fr. 50 par jour.

Dans la suite, cette caisse, due à l'initiative privée, a été presque remplacée par la Caisse de prévoyance et de secours en faveur des victimes des accidents du travail, qui s'adresse à toutes les misères, au marin comme à l'ouvrier.

On doit cette caisse au roi, dont la sollicitude pour la classe populaire est toujours en éveil. C'est à l'occasion du vingt-cinquième anniversaire de son règne, et avec la somme destinée à le célébrer, qu'il a créé la Caisse de prévoyance.

Telles sont les grandes lignes de ce qui se pratique officiellement en Belgique. C'est un peu notre Caisse des retraites des invalides, avec cette différence que les marins pêcheurs de Belgique ne semblent pas bénéficier de la loi belge du 21 juillet 1844.

En Amérique, il a été créé des Associations pour la pêche; elles fonctionnent de la manière suivante :

Les armateurs fournissent aux marins la barque pourvue de tous les agrès et de tous les approvisionnements. Au retour, le produit est vendu ou estimé, déduction faite des frais, et le reste est partagé entre le patron et l'équipage.

L'armateur prélève une somme à évaluer sur sa part en faveur du capitaine, qui court tous les risques.

Pour la pêche à la morue, l'armateur fournit la barque, et l'équipage les approvisionnements, les agrès et l'outillage. Les marins touchent les trois quarts du rendement, et l'armateur le quatrième quart, sur lequel il paye le capitaine.

Ne serait-il pas à désirer que l'armateur prélevât sur sa part la prime nécessaire à l'assurance?

Ce que la société doit faire en faveur du Marin.

Cette seconde partie de notre rapport peut être considérée comme étant relative aux *desiderata* que soulève la question de l'amélioration de la situation des gens de mer.

La grande poussée d'opinion, les Congrès, les projets de loi, les appels de la presse, toujours vigilante et dévouée au sort des malheureux, sont des indices suffisants pour provoquer une solution satisfaisante à la question dont nous venons de retracer à grands traits le caractère d'actualité.

La première modification qui s'impose aux pouvoirs publics repose sur la véritable orientation à donner à la Caisse des invalides de la marine

Les vœux énoncés au Congrès de Marseille et certaines indications qui résultent du rapport de M. de Montfort font voir combien il serait louable de rendre une existence propre à la Caisse Colbert, d'augmenter la pension de retraite pour tous les inscrits, de l'accorder aux ayants droit avant les trois cents mois obligés de navigation, et, au moyen de subventions spéciales, de primes extraordinaires, d'exonérer le marin de la retenue obligatoire, ou, tout au moins, d'abaisser considérablement cette retenue.

Il serait aussi équitable de faire bénéficier toutes les Sociétés de secours du littoral d'une partie des subventions allouées aux Sociétés de Secours mutuels, et même d'autoriser la création d'une Banque centrale, d'un centre commun, fondé par l'initiative privée, sous le régime de la loi de 1867, modifiée en août 1893. Cette banque, ayant des attaches directes avec les Sociétés du littoral, posséderait sa personnalité civile et serait autorisée et contrôlée par l'État. Elle pourrait recevoir des dons, organiserait des fêtes et recevrait une redevance annuelle des Sociétés de secours placées sous son patronage.

En cas de sinistre survenu à l'une de ces caisses, la Banque centrale, alimentée de diverses sources, pourrait apporter son contingent d'indemnités de secours, et atténuerait, dans une large mesure, les misères et les injustices que la tempête où le naufrage auraient apportées dans une station quelconque.

Décréter la loi Farcy, en instance au Sénat, aurait pour effet de trancher la grosse question des sauveteurs marins; la prime au dévouement serait la récompense accordée aux efforts, à l'abnégation de ceux qui donnent leur vie pour sauver celle de leurs semblables; il serait également possible de subventionner les Sociétés de sauvetage, afin qu'elles constituent des retraites aux sauveteurs marins, ou tout au moins des indemnités en cas d'accidents.

Dans ces conditions, ces Sociétés intéressantes et humanitaires seraient en mesure de former un fonds spécial d'assurance, et de contracter soit une assurance, soit une retraite, dans une Compagnie d'assurance à prime fixe ou mutuelle, en faveur de ceux de leurs membres qui seraient victimes d'accidents professionnels, ou qui, avancés en âge et en hauts faits de sauvetage, aspireraient à une retraite méritée.

Le projet de M. l'abbé Lemire, dont nous avons esquissé les grandes lignes, aurait, sagement appliqué, un immense effet sur les populations du littoral. Les communes et l'État peuvent aliéner en faveur des marins une portion du sol qui borde la mer. Le rivage est assez long pour qu'il soit possible, sans apporter aucun trouble à l'éclosion des casinos et des villas, d'en distraire une petite portion, dans chaque station, au profit des marins, qui auraient là un centre assigné, en dehors de toute contagion d'autres milieux, tout à leur famille, à leur barque, à leurs filets. Ils bâtiraient à leur guise une maisonnette à eux, et pourraient même, avec le secours d'une Société, posséder l'habitation, genre d'*Homestead*, rêvée qu'ils payeraient peu à peu.

Les terriens possèdent des Sociétés de ce genre. L'une d'elles même, « la Société des habitations à bon marché, » reconnue comme établissement d'utilité publique par décret du 29 mars 1890, pourrait étendre ses bienfaits aux populations maritimes.

Cette Société possède à sa tête de hautes personnalités dévouées à la cause publique; elle est également honorée du concours de savants et d'économistes éminents qui recherchent les combinaisons possibles pour la création du foyer. Serait-il si éloigné de toute prévision d'appliquer une de ses combinaisons aux gens de mer préalablement pourvus du sol? C'est là une question de garantie et d'assurance non encore entrée dans la pratique, mais que le bon vouloir et la compétence de ceux qui s'en occupent permettent de prévoir comme prochainement réalisable.

L'instruction du marin pêcheur peut être considérée comme une base fondamentale de l'augmentation de son salaire. Les pouvoirs publics doivent y apporter leur plus grand souci. Nous devons donner de l'instruction aux pêcheurs; c'est notre intérêt, c'est aussi le leur, et ils commencent à comprendre le néant de leur situation sociale. L'heure est passée où l'on se contente de mots; les pêcheurs qui approvisionnent nos tables des poissons les plus rares et les plus renommés, ceux qui font vivre le pauvre des villes en allant au loin sur les bancs, au milieu des brumes et des mers polaires aux reflets de plomb, pêcher les poissons populaires, ces marins-là commencent à comprendre qu'on spécule sur eux et que leur travail professionnel a des risques dont ils recherchent vainement la compensation.

Ils savent que l'ouvrier terrien gagne chaque jour le pain de sa famille; du moins, celui-là, quand il en manque, a de terribles défenses, les grèves, les coalitions, les émeutes; et puis, les hommes au pouvoir qu'il aborde sont autant d'armes qui imposent et réduisent à composition ce qu'il est convenu d'appeler le capital. Mais eux, les marins, disséminés sur une étendue immense de côtes, soumis à des lois climatériques qui divisent leurs intérêts et leurs désirs, ils vivent seuls, à l'écart de la population, dans un monde qui est le leur, de génération en génération. C'est une chaîne sans fin qu'ils ne peuvent rompre.

Si, dans l'industrie, le salaire subit les variations de l'échelle productive, et le salaire a augmenté considérablement depuis un siècle, — il est vrai que le prix de la vie a suivi la même progression, — il n'en est pas de même de la pêche, qui est en décroissance. La mer, à laquelle le marin donne tout, même sa vie, agit en ingrate envers lui : elle accorde ses trésors à regret; le temps de la pêche miraculeuse est passé!

Eh bien, lui, le marin pêcheur, sort tous les jours, toutes les nuits, car la pêche a lieu à chaque heure, que le soleil brille ou que la lune argente la crête des vagues. Seulement, ici, les jours se suivent et ne se ressemblent pas; le vent souffle ou ne souffle pas; le poisson donne ou ne donne pas. Or, il est prouvé, indépendamment du vent, qui est le principal moteur de la pêche, il est prouvé, disons-nous, que la mer se dépeuple. On est un peu étonné à cette pensée : la mer se dépeuple! Mon Dieu, oui, le poisson se fait rare; les chalutiers sont obligés de s'en aller vers la grosse mer, dans la houle du large, à trente et quarante lieues, lancer leurs filets par un fond de 100 à 125 mètres!

Voilà bien une situation pleine de tristes perspectives! Mais à quoi attribuer ce manque de poissons? Ceux-ci, capricieux comme l'onde, leur élément, s'en vont-ils vers de nouveaux abîmes chercher de plus fraîches pâtures, ou bien, effrayés des coups de chaluts, leur instinct de poisson leur conseille-t-il de quitter les endroits favoris pour chercher aventure; et encore les évolutions terrestres, les grands courants magnétiques, des perturbations inconnues de nous autres, forcent-ils ces muets à s'en aller vers d'autres fonds? Autant de questions à résoudre! Et comme il nous semble assez difficile d'aller en scaphandre interwiever une sole ou une limande, nous nous contenterons de causes parallèles et identiques de dépopulation terrestres.

Pourquoi le gibier se fait-il rare et qu'un chasseur revient chez lui le plus souvent sans le moindre perdreau? Tout simplement parce qu'on a trop abusé de la chasse et que la mortalité giboyeuse dépasse la natalité.

Pourquoi nos rivières se dépeuplent-elles? Pourquoi certains endroits de la Marne, de la Seine sont-ils dépourvus du moindre fretin? Parce que l'épervier ravage les fonds et traîne avec lui poissons, pâture et... semence.

Voilà donc un point acquis. Maintenant, revenons à la mer.

Comme l'épervier au fond de la rivière, le filet du *picoteux*, de ces vieux marins qui rôdent en vue de la côte et ramassent tout ce qu'ils trouvent, la plupart du temps du petit, très petit poisson, c'est avec leurs filets à mailles serrées, fabriqués pour prendre la chevrette, que ces pauvres braves dépeuplent la mer; car le vent qui active la vitesse de leur barque donne au chalut une force qui entraîne le sable, les herbes et le frai.

Les pêcheurs savent bien que la loi leur prescrit de rejeter à la mer le petit poisson; mais ils se rendent compte que ce fretin est d'avance condamné et qu'il ne peut survivre aux brutalités du dragage; alors ce fretin est gardé; on vend le plus gros et le petit est cédé comme engrais aux cultivateurs des environs.

Les pêcheurs eux-mêmes sont au courant de cet état de choses, puisque, il y a un an, un Syndicat s'est formé aux Sables-d'Olonne dans le but de réagir contre cet abus. Or, rien de nouveau pour la défense des côtes n'a été obtenu; mais, par contre, on a fait la triste constatation que les pêcheurs au chalut, pour prendre 1 fr. de chevrettes, détruisent 20 litres de petits poissons, ou environ 18,000 alevins. Il est facile de comprendre que, dans ces conditions, nos côtes se dépeuplent avec une rapidité inouïe.

La sardine est moins nombreuse qu'il y a quelques années; le hareng prend le large et le turbot s'enfonce dans les couches profondes de la haute mer. Reste la sole, qui se pêche encore en abondance; mais son espèce s'appauvrit et les soles royales du temps passé n'existent plus qu'à l'état de souvenir..... Que faire pour enrayer ce courant destructeur?

La question du repeuplement des rivières est aujourd'hui un fait résolu, grâce à l'élevage du Trocadéro; on lance chaque année dans les cours d'eau un grand nombre de poissons exotiques élevés en serre, et ils s'y multiplient heureusement et rapidement. C'est la Californie qui nous adresse ces espèces diverses de poissons. D'autre part, l'élevage des huîtres à Arcachon, celui des moules à La Rochelle, sont également deux branches industrielles des plus fécondes... Alors, que faire pour le repeuplement des côtes?

Des règlements ? Ah ! de grâce, nous en avons de trop ; par la façon dont ils sont observés et appliqués, il serait préférable qu'ils fussent moins nombreux. Nous connaissons quelque part sur les côtes un garde-côtes qui est en même temps garde particulier et *assermenté* d'une chasse réservée, qui ne sait ni lire ni écrire !!! Si, à l'occasion, les règlements maritimes sont appliqués par lui, cela peu devenir drôle.

Eh bien, nous mettons en fait que l'ignorance de ce garde-côtes est nuisible au premier chef, et que le manquement aux règlements provient également d'une ignorance souvent voulue de la part de certains pêcheurs qui chalutent avec des filets à mailles trop serrées ; qui s'en vont pêcher dans des cantonnements réservés ; qui pratiquent certaines pêches en dehors des époques déterminées ; bref, qui à chaque fois que l'occasion s'en présente, font la pêche en dehors des règlements..., qu'ils ne connaissent pas plus que le garde-côtes dont nous venons de parler.

Le grand remède à cet état de choses doit être puisé dans l'instruction. Lorsque l'agriculture commença sa décadence en France, il a bien fallu aviser sur les moyens possibles pour arrêter le mal, qui provenait surtout de l'ignorance des agriculteurs. On créa des chaires départementales pour l'enseignement agricole, avec, à l'appui, des exemples pratiques et des champs de démonstration ; et la crise agricole, sans être arrêtée, se trouve actuellement enrayée.

Il faut agir de même pour le marin pêcheur, dont l'ignorance professionnelle, la routine et l'imprévoyance sont les défauts ordinaires. Ils connaissent peu les mœurs des poissons, dont les noms mêmes, d'un port à l'autre, sont différents ; beaucoup sont dans la plus complète ignorance de l'époque des reproductions, époque pendant laquelle le poisson doit être respecté. Par contre, ils connaissent admirablement leur cercle d'évolution ; nous en avons connu de bien remarquables sur ce point. Mais. dans le cas présent, il ne s'agit pas de connaître un peu, il ne faut ignorer ni les causes ni les effets d'un mal qu'il faut combattre.

Que les marins réclament d'eux-mêmes des écoles régionales sur le genre de celles préconisées par M. Georges Roché au Congrès national de pêches tenu à Marseille : alors ils auront acquis de ce fait un point capital de leur existence sociale.

Ah ! nous le savons bien, si l'on attend cette initiative des marins pêcheurs, on pourra attendre longtemps ! Le marin, brave comme sa barque, de pensées un peu idéales, toujours sublimes comme les horizons, cercles magiques de leur évolution quotidienne, n'a aucune poussée vers l'au-delà des dunes ; il ressent comme une répugnance à s'occuper des choses terriennes ; son esprit libre aime la mer, où les lois sont celles de la Providence plus que celles des hommes ; et, quand il est chez lui, rien ne prévaut son commissaire d'inscription maritime. Dans ces conditions. il est donc assez difficile de réclamer du marin la moindre initiative.

Ce qu'il faut, ce sont des conférences dans les ports, dans les lieux de pêche, ce sont des cours hebdomadaires obligatoires qui seraient faits par des professeurs maritimes sortant de maisons modèles dans le genre de Grignon pour l'agriculture. Alors, dans ces conditions d'instruction, le mal serait moindre. C'est le seul moyen.

Ajoutons que le dépeuplement des côtes a encore cette autre cause : la rapidité des transports, qui augmente la consommation.

Il est intéressant, sur ces divers points, de connaître l'opinion de spécialistes autorisés.

Dernièrement un de nos confrères du journal le *Matin* est allé rendre visite à MM. Canu et Sauvage, directeurs de la station agricole de Boulogne-sur-Mer. Suivant ces messieurs, nous devrions prendre exemple sur l'étranger; et ils citent notamment ce qui se fait à l'île de Dildo, près Terre-Neuve, à Bay-New, au Canada ou à Flodicken, en Norwège; car, d'après eux, justice est faite de la légende des prétendues migrations des poissons et aussi de celle du développement des œufs au fond de la mer. Ils ont étudié, sur quinze espèces comestibles, le point exact de la pleine mer où les larves doivent être mises en liberté pour rencontrer, chacune suivant ses besoins, les meilleures conditions de subsistance. Il n'y a donc, après la fécondation, qu'à élever les œufs en sauvegardant les animaux pendant les premières phases de leur développement, et à jeter ensuite les alevins en des points déterminés de la haute mer. A l'étranger, ces opérations se font le long des côtes, dans des parcs construits à cet effet. Naturellement, de pareils procédés sont fort coûteux; aussi M. Canu a-t-il cherché à les simplifier. Il y est parvenu par la création d'un bateau-laboratoire qui sert à pêcher le poisson mûr en pleine mer, et à bord duquel s'effectue la fécondation, l'élevage se faisant ensuite dans des viviers installés au laboratoire de pisciculture. D'après M. Canu, deux bateaux voiliers suffiraient amplement à assurer la repopulation d'une mer comme la Manche.

D'autre part, M. Roché, auteur d'un livre très apprécié intitulé : *Pêches maritimes modernes de la France*, le savant inspecteur des pêches, dont nous avons signalé le rapport sur les colonies de pêcheurs, pense que, dans certains cas, on peut utiliser la méthode d'alevinage de MM. Canu et Sauvage, car, en sauvant de la destruction certaine quantité d'œufs de poissons, on permet à un grand nombre d'arriver au *stade fort larvaire;* mais alors la protection cesse et l'on est forcé de recourir à la méthode préconisée par le docteur Marion, c'est-à-dire au cantonnement, qui devient ainsi l'auxiliaire et le complément nécessaire de l'alevinage.

Dans la majorité des cas, le cantonnement seul suffit. Ce procédé présente, du reste, sur le précédent, une grande supériorité; il ne protège que de jeunes animaux qui ont échappé à de multiples causes de destruction et qui sont par suite plus forts; il n'exige que peu de dépenses, car l'établissement d'un cantonnement ne demande que la création d'une sorte de prairie sous-marine par l'immersion, sur une surface donnée, d'une quantité de blocs irréguliers sur lesquels se fixeront les algues et les invertébrés servant de nourriture aux poissons. Ces enrochements faciliteront, du reste, la surveillance des cantonnements, les pêcheurs ne pouvant se servir d'engins traînants qui seraient infailliblement détruits. Cette surveillance sera facilement faite par les garde-côtes.

Notre confrère a également obtenu l'opinion de quelques pêcheurs qui, encouragés qu'ils sont par les résultats merveilleux des expériences faites en Bretagne depuis quelques années, sont très favorables au cantonnement. La présence de cantonnements sur cette côte a fait, pour un nombre égal de bateaux et d'hommes employés, plus que doubler le poids du poisson capturé et augmenté d'une façon très considérable le revenu des pêcheurs.

Tel est l'avis des personnes intéressées sur l'alevinage et le cantonnement.

La vente à tempérament de filets perfectionnés descendant à de grandes profondeurs et de barques à vapeur, l'abaissement dans la mesure encore possible des tarifs d'octroi et la réglementation des époques de la pêche au large sont des mesures qui auront également un plein succès sur l'augmentation du salaire et sur l'amélioration de la situation des pêcheurs.

Ainsi, pour ce qui est des filets, certains de nos pêcheurs niçois sont obligés de faire leurs commandes à Naples, car les filets italiens, malgré les droits de douane très élevés, sont de meilleure qualité et coûtent moins cher que les filets achetés en France, à Montpellier, par exemple. Le filet napolitain coûte de 20 à 22 fr. les cent brasses.

Les marins et ceux qui s'occupent du sauvetage savent combien est grande la bienveillance de M. le prince régnant Albert de Monaco, par qui le Congrès de sauvetage de 1889 a eu l'honneur d'être présidé. Les pensées et les actes du prince vont toujours aux braves marins pêcheurs, et actuellement deux de ses collaborateurs, le baron J. de Guerne et le docteur Jules Richard, le préparateur attaché à son laboratoire, essayent de nouveaux engins destinés aux pêches et dragages à de grandes profondeurs.

Parmi les instruments dont on fait l'essai se trouvent des filets qui, grâce à un mécanisme particulier et extrêmement délicat, peuvent être descendus fermés à la profondeur voulue, s'ouvrent pendant la durée de la pêche et sont refermés avant la montée. Jusqu'alors ces essais étaient restés imparfaits par suite de l'impossibilité où l'on était d'empêcher, pendant la descente comme pendant la montée, les animaux des milieux traversés par l'engin de pénétrer dans son intérieur et de se mélanger à ceux de la zone étudiée, ce qui rendait très défectueuse toute détermination des niveaux d'habitation des différents êtres marins. Mais les perfectionnements sont possibles.

On le voit, la solution de ce grand problème de l'approvisionnement et de la situation du marin préoccupe les puissants de la terre. C'est là un concours qui ne fait pas désespérer du résultat et du triomphe final.

Actuellement, ce qu'il convient de signaler comme très possible, c'est de comprendre le marin dans une loi contre les accidents du travail, laquelle serait assez libérale pour laisser à l'armateur la faculté d'assurer, dans une Société anonyme, en outre du matériel de pêche, corps, agrès, affrètement et engins, le risque professionnel de ses marins.

Pour que cette assurance soit possible, elle devra être contractée en dehors des Caisses de l'État et ne pas revêtir le caractère trop brutal de l'obligation.

D'ailleurs, l'assurance de l'État n'est même pas à la portée des gens de mer. La loi du 11 juillet 1868, qui a créé la *Caisse d'assurance de l'État contre les accidents,* a ouvert cette caisse au commerce et à l'industrie. Cette application comprenait-elle les marins? Pouvait-on considérer la marine au long-cours comme commerce et la pêche comme industrie? Lors de la discussion de cette loi de 1868, un des membres du Parlement demanda au rapporteur ce que l'on faisait pour les marins. La réponse fut « qu'ils avaient à leur service la *Caisse des invalides de la marine,* » et l'on passa outre. Si bien que, à un moment donné, l'État s'est trouvé dans l'impossibilité d'assurer les marins du quartier de Saint-Brieuc, lorsqu'un comité de patronage, formé dans cette localité et composé de plus de deux cents membres, est venu offrir de payer les sommes nécessaires à l'assurance.

Le marin se trouve donc toujours dans la même situation : il n'a à son service, pour lui et les siens, que la *Caisse des invalides,* dont les conditions sont insuffisantes.

Si donc on voulait, au pis aller, considérer l'État comme assureur, il lui faudrait organiser un service de propagande d'assurances, ce qui ne saurait lui convenir, et la preuve c'est que, en Allemagne, le marin est insuffisamment assuré par la loi du 13 juillet 1887.

Mais il est un moyen de tout concilier, en comprenant le marin pêcheur dans la nouvelle loi contre les accidents, actuellement en discussion dans la Commission sénatoriale, dont l'honorable M. Trarieux est le distingué rapporteur.

Il y serait signifié pour l'armateur à la grande pêche et même à la petite pêche ce qui serait indiqué pour l'industriel, le patron, c'est-à-dire que tout armateur devra fournir la preuve qu'il a garanti préventivement le payement des indemnités dues en cas d'accidents qui surviendraient dans son industrie :

1° Au moyen d'une hypothèque sur ses biens; 2° par le dépôt d'un cautionnement; 3° au moyen d'une assurance contractée par lui auprès, soit d'une Compagnie privée, soit d'une Société d'assurances mutuelles.

Nous savons bien que le petit propriétaire de bateau de pêche n'a souvent pour tout bien que sa barque elle-même et qu'il ne peut fournir ni cautionnement ni hypothèque; mais la tarification de la cotisation ou de la prime serait nivelée sur l'importance du risque, et elle ne pourrait aller au-delà d'une quotité abordable, surtout si la Compagnie, sans entrer dans une question de sentiment, appliquait simplement une cotisation relative.

En tout cas, le principe unitaire de l'assurance serait sauf et, les temps devenant meilleurs, la vapeur pour la pêche ayant remplacé la voile, le salaire et le bénéfice augmentant, on aurait toujours la faculté d'accorder la prime que le pêcheur aurait à payer avec les exigences de la garantie.

Du reste, les Sociétés pourraient, en outre, assurer le matériel de pêche. Nous savons bien que la question est délicate et que, là encore, il est important de ne pas égarer sa confiance, quoique le marin soit d'une honnêteté indiscu-

table ; mais nous croyons fermement que si l'assurance du marin à la petite
pêche était pratiquée par une Société privée, celle-ci, par extension, pourrait pourvoir à l'entretien et à l'assurance des barques et des engins de
pêche.

Toutefois, il serait nuisible de garantir complètement le risque, parce qu'il
serait à craindre que le marin ne négligeât ses instruments de travail. Il faudrait alors assurer les trois quarts de la barque, en laissant le quatrième quart
à la charge du marin, et, en cas de sinistre, reconstituer l'objet perdu ou le
remplacer, et non payer la perte en espèces. Il est de principe, en effet, que
l'assurance n'est pas un profit, mais la juste indemnité d'une perte.

Pour résumer et pour condenser tous les *desiderata* contenus dans notre
rapport, nous pensons que l'augmentation des salaires étant produite par des
mesures telles que l'adoption de nouveaux engins perfectionnés, la fondation
d'écoles professionnelles de pêche, l'alevinage, le cantonnement, la réglementation du rôle de mareyeur, elle aura pour effet d'inciter les marins à la prévoyance.

D'autre part, le risque professionnel garanti par les Compagnies ou Sociétés
d'assurances, la participation aux bénéfices, la vente à tempérament ou la
donation du sol et de l'habitation, devront apporter au marin pêcheur un
bien-être proportionné à sa production et compatible avec sa situation envers
l'État.

Après lecture de ce rapport en séance du Congrès à l'Hôtel-de-Ville de Saint-
Malo et sa discussion, au cours de laquelle l'assurance obligatoire, proposée
par un membre du Congrès, a été repoussée sur les observations de M. Hamon,
les vœux suivants ont été adoptés :

1° *Assurance sur la vie.* — Accorder aux Sociétés de Secours du littoral une
subvention qui puisse les mettre à même d'assurer à leurs membres, soit une
pension, soit un capital au décès dans les Compagnies d'assurances sur la vie.

A défaut d'une subvention, autoriser la caisse centrale, dont il est fait men-
tion dans le projet Guillard et Dubar, à créer une section spéciale qui serait
chargée de donner aux Sociétés de secours les fonds nécessaires à l'alimentation d'assurances au décès.

2° *Risque professionnel.* — Comprendre les armateurs et patrons de barque
dans une loi, afin que les accidents du travail soient garantis par les Compagnies anonymes ou par les Sociétés mutuelles d'assurances contre les accidents.

3° *Retraite.* — Modifier, en la réduisant, la clause des trois cents mois de
navigation.

4° La section émet le vœu que le Sénat apporte sa sanction au projet de loi de M. Farcy, qui considère le sauveteur victime de son dévouement comme le soldat qui meurt sur le champ de bataille.

5° Inviter les Sociétés d'habitations ouvrières à s'occuper du marin pour le rendre propriétaire de sa maison.

Georges HAMON

Publiciste,

**Professeur à l'Institut commercial de Paris
et à l'Association Philotechnique.**

Rennes. — Imp. Marie Simon, r. Leperdit.